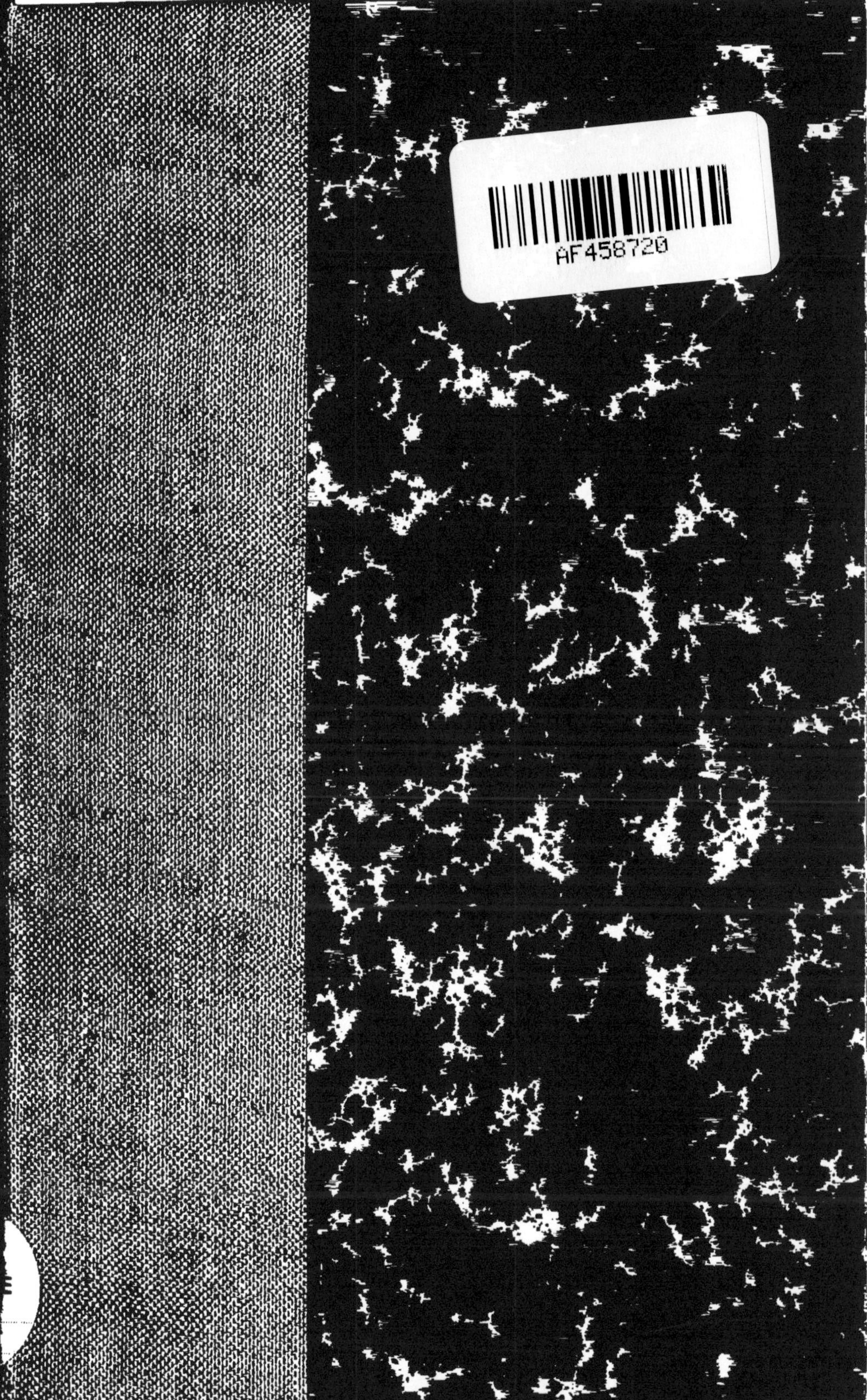

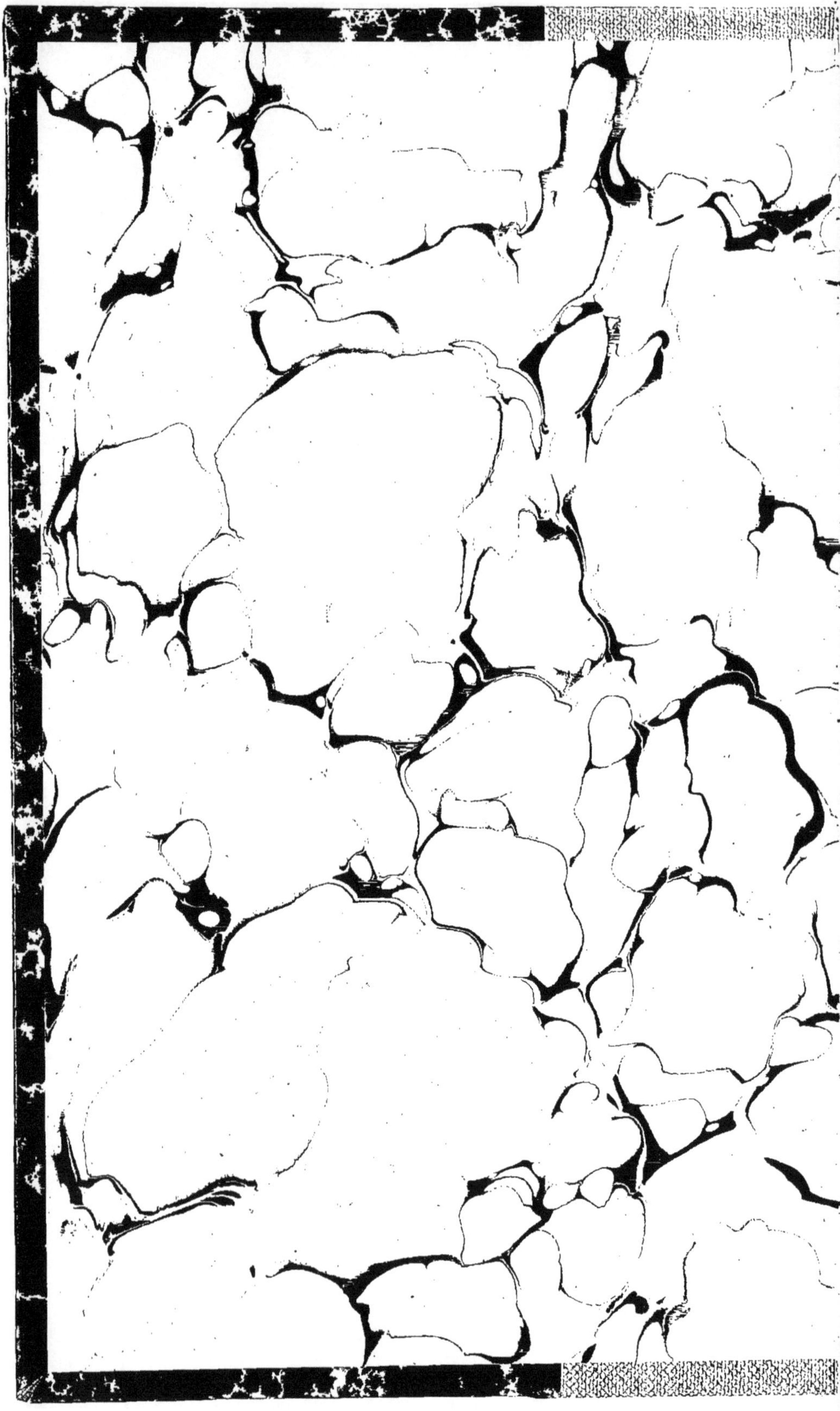

L[illegible]

PLACE ROYA[illegible]

HOTEL LA RIVIÈRE-CANILLAC-VILLE[illegible]

L'HOTEL DANGEAU

PAR

LUCIEN LAMBEAU

A PARIS
Chez H. CHAMPION
Libraire de la Société de l'Histoire de Paris
Quai Malaquais, 5 (VIe)
1911

A M. [illegible]

hommage de bonne amitié

L. Lambeau

LA PLACE ROYALE

L'HOTEL LA RIVIÈRE-CANILLAC-VILLEDEUIL

L'HOTEL DANGEAU

EXTRAIT

DES

Mémoires de la Société de l'Histoire de Paris et de l'Île-de-France

Tome XXXVIII (1911).

LA

PLACE ROYALE

L'HOTEL LA RIVIÈRE-CANILLAC-VILLEDEUIL
L'HOTEL DANGEAU

PAR

LUCIEN LAMBEAU

A PARIS
Chez H. CHAMPION
Librairie de la Société de l'Histoire de Paris
Quai Malaquais, 5 (VIe)
1911

DEUX HOTELS

DE LA PLACE ROYALE

HOTEL LA RIVIÈRE-CANILLAC-VILLEDEUIL
HOTEL DANGEAU

Dans l'avant-propos du volume que j'ai consacré aux généralités de la Place Royale, en 1906, je terminais par ces lignes :

« Assurément ce n'est pas toute *la Place*, et il serait intéressant, aussi, de reconstituer le passé de chacun des pavillons en prenant pour base l'origine des propriétés et la notoriété de leurs possesseurs et de leurs habitants.

« Peut-être l'entreprendrai-je quelque jour, ayant déjà réuni à ce sujet de nombreux documents ?

« Mais bien souvent l'homme propose... » [1]

En quoi, par ce dernier membre de phrase, je ne me trompais guère puisque, sollicité par d'autres travaux, j'ai dû laisser passer cinq années avant de commencer cette publication.

Et encore ai-je renoncé à réunir dans un ouvrage unique tous les hôtels dont il s'agit.

C'est que, vraiment, ils sont trop nombreux. D'autre part, vingt-six monographies ou environ, prêtant comme celles-là aux développements historiques, biographiques et documentaires, n'eussent jamais pu entrer dans le cadre d'un seul volume.

---

1. *La Place Royale*, par Lucien Lambeau : Paris, Daragon, 1906, in-8°, 4 planches, 1 plan.

Et puis, faut-il le dire, ce chiffre relativement élevé de somptueux logis à décrire ne fut pas sans m'inquiéter quelque peu, en raison des courts instants qu'il m'est possible d'y consacrer.

A quelle époque en aurais-je fini avec eux, si tant est que j'y puisse arriver jamais ?

Il m'a donc semblé plus rationnel d'employer la méthode d'une publication au fur et à mesure, me permettant ainsi de traiter chaque monographie comme un morceau autonome, par conséquent avec plus d'ampleur, plus d'intégralité documentaire, et sans l'obsédant souci de trop fatiguer le lecteur par une histoire forcément monotone de vingt-six maisons.

Aussi bien, d'ailleurs, ai-je déjà mis ce système en pratique par la publication de *l'Hôtel de Chaulnes et de Nicolay*, parue il y a quelque temps[1].

J'en publierai donc autant que je le pourrai, me consolant, si je ne vais pas au bout de la tâche entreprise, par la formule de circonstance : *A l'impossible nul n'est tenu.*

L. L.

I.

L'HOTEL DE LA RIVIÈRE, DE CANILLAC ET DE VILLEDEUIL.

Mairie de l'ancien VIIIe Arrondissement.

Numéro royal : 16; numéro révolutionnaire : 289 ; numéro actuel : 14.

La formation de l'hôtel portant actuellement le n° 14 de la place des Vosges, ayant des origines communes avec celles de l'immeuble voisin, au Sud, numéroté 12, il importe tout d'abord d'établir le point de départ de l'un et de l'autre pour la clarté de la délimitation des deux logis.

Lors du lotissement du parc des Tournelles et de la création

---

1. *Bulletin de la Société de l'Histoire de Paris et de l'Ile de France.* Tome XXXVIII (1911).

de la place Royale, en juin 1605, trois emplacements du côté Est furent concédés, savoir :

Le premier à Etienne de La Font, intendant des meubles du Roi.

Le deuxième à Pierre Jeannin, conseiller du Roi.

Le troisième à Antoine Ribauld, seigneur de Bréau.

Ces trois emplacements contenaient la superficie nécessaire à la construction de trois pavillons de quatre arcades chacun.

Leur situation topographique était la suivante :

L'emplacement d'Etienne de La Font se trouvait le troisième du côté Est, en allant du Midi vers le Nord.

Celui de Pierre Jeannin était le quatrième.

Celui d'Antoine Ribauld, le cinquième.

A peine concédés, ces trois emplacements étaient destinés à ne former que deux propriétés. Voici comment :

1° Antoine Ribauld garda intacte la partie qui lui appartenait.

2° Pierre Jeannin donna la sienne à son gendre, Pierre de Castille.

3° Etienne de La Font vendit celle qu'il possédait à Antoine Ribauld et à Pierre de Castille.

Ces deux derniers restèrent donc possesseurs des trois parcelles, sur lesquelles furent édifiés trois pavillons.

Antoine Ribauld prit pour sa part le pavillon et demi, aujourd'hui numéroté 14.

Pierre de Castille garda l'autre pavillon et demi, qui est actuellement le n° 12.

Voici l'extrait du contrat de concession à Antoine Ribauld :

Par devant les notaires du Roy nostre sire en son Chastelet de Paris, soubz signez et en présence de Messire Pomponne de Bellièvre, chevalier, chancelier de France, messire Nicolas Brûlart, aussi chevalier, seigneur de Sillery, garde des Sceaux de France, de hault et puissant seigneur messire Maximilien de Béthune, chevalier, seigneur et marquis de Rosny, baron de Sully, conseiller du Roy en ses conseils d'Estat et privé, cappitaine de cent hommes d'arme de ses ordonnances, grand voyer, grand maistre et cappitaine général de l'artillerie, superintendant des Finances et Bastimens de sa majesté, gouverneur et lieutenant général pour sa dicte majesté en Poitou ; lesquelz, pour et au nom de sa majesté, ont octroyé et concédé de par ces présentes...ceddé et transporté et délaissé du tout dès maintenant et tousjours à perpétuité... promettons au dénommé garantie de tous troubles et empeschement generallement quelzconques... A noble homme Anthoyne Ribault, seigneur de Bréau et de Forestz, conseiller du Roy et intendant de ses Finances, pour lui, ses hoirs et ayans cause, une place entière au lieu à présent appelé le Marché aux chevaux, autrement appelé le parc des Tournelles, et que sa dicte majesté veult estre doresnavant nommée la place Royalle, la dicte place ceddée au dict sieur Anthoyne Ribault, tenant d'ung costé à la place ceddée à Monsieur Pierre Jeannin, conseiller du Roy en ses Conseils d'Estat et privé, d'aultre costé au sieur Felissan, aboutissant d'ung bout sur la dicte place Royalle et d'aultre bout sur la rue qui est sur les rempars de la dicte Ville de Paris, contenant la dicte place sept thoises deux piedz huict poulces de largeur ou environ et vingt neuf thoises et demye de longueur ou environ. Pour laquelle place jouir par le dict sieur Anthoyne Ribault ci dessus nommé ou ayans cause et à tousjours et à perpétuité et en faire ou disposer ainsy que bon luy semblera, ceste vente, cession, transport et délaissement sont à la charge de païer par l'achepteur pour chacun an, à la recepte du Domaine de sa majesté, en la Ville de Paris, au jour sainct Jehan-Baptiste, ung escu en or de cens portant lotz, vente, saisine et amende quand le cas y eschera, selon les lois et coustumes de la Ville, prevosté et vicomté de Paris, à commencer du premier jour de janvier prochain, et oultre à la charge de faire bastir par le dict achepteur sur la face de la dicte place, ung pavillon couvert d'ardoises ayant des arcades et une gallerie au dessoubz, avec boutiques ouvertes dans la dicte gallerie, ayant le dict pavillon la muraille estant sur la dicte place Royalle, de pierre de taille et de brique, selon le desseing qui en a esté dressé par commandement de sa majesté, que le dict sieur Anthoyne Ribault a dict lui avoir esté monstré et communiqué, de rendre le dict pavillon parfaict et habitable dans les derniers jours de Décembre de l'année prochaine que l'on comptera mil six cent six, et pourra faire aussy, le dict sieur Anthoyne Ribault tels aultres bastimens de font que bon luy semblera et à sa discrétion ; transportant et faisant par les dicts sieurs vendeurs ou dict nom au dict sieur Anthoyne Ribault, aux dictes charges et tous droitz de propriété que sa dicte majesté a et peult avoir en la dicte place et en bordure ; dessaisissant ou dict nom... et donnons pouvoir de signer le présent contract les dicts sieurs vendeurs ou dict nom par et au nom de sa dicte majesté...

A Paris, l'an mil six cent cinq, le sixiesme jour de juing après midy [1].

Le duc de Mayenne avait fait d'Antoine Ribauld son trésorier de l'extraordinaire des guerres. Il devint ensuite, pour le même prince, trésorier de l'Epargne, conseiller d'Etat et contrôleur général des Finances. A l'avènement de Henri IV, des lettres patentes du nouveau roi de France le confirmèrent dans toutes ses charges. Marié à Madeleine Boucher, fille d'un Conseiller au Parlement de Paris, il décéda dans son hôtel de la place Royale en 1613. Sa femme ne devait mourir que 23 ans après lui, en 1636.

Nous donnerons également ici un extrait du contrat de concession à Pierre Jeannin, puisque la moitié de sa propriété, comme il a été dit plus haut, doit être incorporée à celle qui nous occupe. Les dispositions et conditions de l'acte sont d'ailleurs les mêmes que celles du contrat de Ribauld ci-dessus :

... A messire Pierre Jeannin, Conseiller du Roy en son Conseil d'Estat et privé... une place tenant d'ung costé à la place ceddée à Mre Estienne de La Fond, intendant des meubles du Roy, et d'aultre costé au sieur Ribault, aboutissant d'ung bout à la dicte place Royalle et d'aultre bout sur la rue qui est vers les rempars de la dicte Ville de Paris, contenant la dicte place, sept thoises deux piedz huict poulces de largeur ou environ et trente une thoises de longueur ou environ... à Paris, l'an mil six cent cinq, le sixiesme jour de juing après midy [2]...

En raison du point de départ commun des deux immeubles, aujourd'hui numérotés 12 et 14, provenant de trois concessions distinctes, nous croyons utile de donner un extrait du troisième contrat primitif, celui consenti à Etienne de La Font :

... A Messire Estienne de La Fond, intendant des meubles de sa majesté... une place entière tenant d'une part à la place ceddée à

---

1. *Archives nationales*, X1A 8645. Et *Procès-verbal de la Commission du Vieux Paris*, du 18 décembre 1902, p. 269.

2. *Commission du Vieux Paris*. Procès-verbal de la séance du 18 décembre 1902, p. 270.

maistre Claude de Chastillon, topographe du Roy, d'aultre part à maistre Anthoyne Ribault, sieur de Bréau, aboutissant d'ung bout sur la place Royalle, et d'aultre bout à la rue qui est vers les remparts de ceste Ville de Paris, contenant, la dicte place, sept thoizes deux piedz huict poulces de largeur ou environ, et trente trois thoizes de longueur ou environ... à Paris, l'an mil six cent cinq le quatriesme jour de juing après midy [1]...

Il nous faut indiquer immédiatement que le scribe chargé de l'écriture de cet acte a commis une erreur en faisant aboutir le terrain d'Etienne de La Font à celui d'Antoine Ribauld. C'est à celui de Pierre Jeannin qu'il tenait réellement, la place de Ribauld étant située au-dessus de celle concédée à Jeannin, en allant vers la rue du Pas-de-la-Mule.

Les trois actes de concession que l'on vient de lire constituent la première phase de l'opération. Nous allons indiquer comment les trois emplacements, destinés à recevoir trois pavillons, les reçurent réellement, mais ne formèrent que deux propriétés, numérotées aujourd'hui 12 et 14 [2].

Par acte du 28 janvier 1606, Pierre Jeannin donne son emplacement à Pierre de Castille, son gendre.

Le même jour, par un acte différent, Etienne de La Font vend le sien au dit Pierre de Castille et à Antoine Ribauld.

Enfin, et toujours le 28 janvier 1606, Pierre de Castille et Antoine Ribauld, restés seuls propriétaires des trois emplacements, conviennent de se les partager en deux fractions égales : Pierre de Castille prendra la place entière d'Etienne de La Font et la moitié de celle de Pierre Jeannin, sur lesquelles il édifiera un pavillon et demi, aujourd'hui n° 12. Antoine Ribauld gardera son emplacement primitif, auquel il ajoutera la seconde moitié de l'ancienne place de Pierre Jeannin, et il construira sur le tout l'autre pavillon et demi, le n° 14 actuel.

La formule employée dans ce dernier acte du 28 janvier 1606

---

1. *Procès-verbal de la Commission du Vieux Paris,* du 18 décembre 1902, p. 269.

2. Il nous a été possible d'établir cette seconde phase de la formation commune des deux hôtels, grâce à l'important travail de M. F. de Mallevouë : *Les actes de Sully,* Collection des documents inédits sur l'Histoire de France, 1911, Imprimerie Nationale, 1 vol. in-4°.

varie un peu de notre exposé, ainsi qu'on le verra plus loin, mais elle a le même résultat quant au fond. Elle dit que Pierre de Castille construira à ses frais particuliers un pavillon sur la place acquise par lui à Etienne de La Font ; que Antoine Ribauld en fera autant sur celle qu'il tient du Roi par contrat du 6 juin 1605 ; et que le pavillon du milieu sera édifié à frais communs par les deux. La combinaison est donc la même et chacun aura bien à payer un pavillon et demi.

On retrouve ainsi, pour deux personnes, les trois pavillons dont les emplacements avaient été concédés, au mois de juin 1605, à trois concessionnaires.

Ces trois derniers actes ayant été reproduits par M. F. de Mallevouë dans son travail sur les *Actes de Sully*, nous n'en donnerons ici que l'analyse indispensable à notre monographie.

1° Donation de Pierre Jeannin à Pierre de Castille :

Pierre Jeannin, conseiller du Roi, baron de Chaigny et Montjeu, cède, par donation irrévocable faite entre vifs, à noble homme Pierre de Castille, sieur de Blancbuisson, conseiller du Roi et grand rapporteur en la chancellerie de France, son gendre, une place située au lieu appelé le Marché aux chevaux, anciennement le parc des Tournelles, et à présent la place Royale, tenant d'un côté à Etienne de La Font, d'autre à Antoine Ribauld, aboutissant d'un bout à la dite place Royale, d'autre bout sur la rue qui est vers les remparts, contenant sept toises deux pieds huit pouces de largeur, en la censive du Roi, chargée d'un écu d'or de cens. Cette place appartenait à Pierre Jeannin en vertu du contrat du 6 juin 1605. Le sieur de Blancbuisson est tenu de faire construire à ses dépens, sur la face de la dite place, un pavillon couvert d'ardoises, ayant des arcades et une galerie au dessous, avec des boutiques ouvertes dans la dite galerie, ayant, le dit pavillon, la muraille étant sur la dite place Royale, de pierre de taille et de brique, selon le dessin dressé par commandement de sa Majesté, duquel le dit sieur de Blancbuisson dit avoir eu communication. Et rendre le dit pavillon parfait et habitable avant le dernier jour de décembre de la présente année 1606. Et pour la bonne amitié que le sieur Jeannin a dit porter au sieur de Blancbuisson, son gendre, et en considération de son alliance avec damoiselle Charlotte Jeannin, sa fille, lui transporte tous droits de propriété qu'il a sur la dite place... Fait et passé en l'hôtel du sieur Jeannin, sis rue Saint Honoré, le 28 janvier 1606 [1].

Pierre de Castille, seigneur de Blancbuisson, était le 3e fils de Philippe de Castille et de Geneviève Guérin, sa femme. Il fut conseiller au grand conseil le 8 juin 1601, maître des Requêtes le 14 avril 1611, conseiller d'Etat, contrôleur général et intendant des Finances, ambassadeur en Suisse, il mourut à Avignon le 24 juin 1629, âgé de 48 ans. Il avait épousé Charlotte Jeannin, morte en 1640, fille de Pierre Jeannin, seigneur de Montjeu, président à mortier au Parlement de Bourgogne et surintendant des Finances, et d'Anne Guéniot, son épouse.

2° Vente par Etienne de La Font à Pierre de Castille et à Antoine Ribauld, de la place acquise par lui le 4 juin 1605 :

Messire Etienne de La Font, intendant des meubles du Roi, demeurant rue du Petit Musc, vend, cède et transporte dès maintenant et à toujours à nobles hommes messires Pierre de Castille, sr de Blancbuisson, et Antoine Ribauld, sr de Bréau et de Forest, pour eux chacun par moitié, leurs hoirs et ayants cause, une place située au Marché aux chevaux, à présent la place Royale, tenant d'une part au dit sieur de Blancbuisson, à cause de la donation à lui faite par Pierre Jeannin, d'autre part à Mre Claude de Chastillon, topographe du roi, aboutissant d'un bout sur la dite place Royale et d'autre bout sur la rue qui est vers les remparts, contenant sept toises deux pieds huit pouces de largeur et trente trois toises de longueur, en la censive du roy et chargée d'un écu d'or de cens. La dite place appartenant au dit sieur de La Font en vertu du contrat du 4 juin de l'année 1605. Cette vente est faite à la charge du dit cens, que les sieurs de Blancbuisson et Ribauld seront tenus de payer et acquitter, et encore aux charges de faire bâtir par eux à communs frais et chacun par moitié, sur la face de la dite place, un pavillon couvert d'ardoises, ayant des arcades et

1. *Les actes de Sully*, Collection des documents inédits sur l'Histoire de France, par M. F. de Mallevouë, 1911, p. 42.

une galerie au dessous, avec des boutiques ouvertes dans la dite galerie, ayant, le dit pavillon, la muraille sur la place Royale, de pierre de taille et de brique, selon le dessin commandé par sa Majesté, duquel les sieurs de Blancbuisson et Ribauld ont dit avoir eu communication. Et rendre le dit pavillon parfait et habitable avant le dernier jour de décembre de la présente année 1606. Et en outre moyennant la somme de 1290 livres tournois que le dit de La Font a reçue des sieurs de Blancbuisson et Ribauld, chacun par moitié... Fait et passé dans l'étude des notaires Motelet et Fournyer, le 28 janvier 1606 [1].

3° Partage des trois places ci-dessus indiquées entre Pierre de Castille et Antoine Ribauld :

Par devant les notaires Motelet et Fournyer, furent présents M[res] Pierre de Castille, Sr de Blancbuisson, et Antoine Ribauld, Sr de Bréau, demeurant, le premier, rue Saint-Antoine, et le second, rue Neuve Saint-Magloire, lesquels ont déclaré avoir cejourd'hui, acquis de noble homme Etienne de La Font, une place pature au lieu dit le Marché aux chevaux, autrement le parc des Tournelles et à présent place Royale, contenant sept toises deux pieds huit pouces de largeur, et trente trois toises de longueur, de laquelle place, avec deux autres pareillement assises en la dite place Royale, a eux appartenant, savoir, celle du sieur Ribauld, par contrat d'acquisition du 6 juin 1605, et celle du sieur de Blancbuisson, comme ayant droit de Mre Pierre Jeannin. Lesquels Pierre de Castille et Antoine Ribauld entendent faire et construire deux maisons des trois places, et les partager entre eux également en largeur, chacun par moitié et égale portion, et qu'à cette fin la dite place acquise du sieur de La Font sera entièrement au dit sieur de Blancbuisson avec la moitié de celle à lui donnée par Pierre Jeannin. Et au dit sieur Ribauld, l'autre moitié de la dite place de Pierre Jeannin avec la place anciennement acquise par le dit Ribauld. A la charge de faire bâtir par les dits sieurs Pierre de Castille et Antoine

1. *Les actes de Sully,* Collection des documents inédits sur l'Histoire de France, par M. F. de Mallevouë, 1911, p. 43.

Ribauld, à communs frais, et chacun par moitié, le pavillon du milieu des dites trois places, et faire bâtir sur les deux autres places, à leurs frais particuliers, les deux autres pavillons. Comme aussi de payer chacun deux, par année, un écu et demi en or de cens... Fait et passé le 28 janvier 1606[1].

Ici s'arrête l'origine commune des deux hôtels numérotés 12 et 14. La construction de celui auquel est consacrée cette monographie, qui porte le n° 14, fut entreprise après le 28 janvier 1606, par Antoine Ribauld, et comprenait un pavillon et demi avec six arcades.

*
* *

Nous avons dit qu'Antoine Ribauld, sieur de Bréau, était décédé en 1613. C'est en cette même année que, par contrat du 18 juin, Mre Antoine de Louvencourt se rendait adjudicataire, moyennant la somme de 28.500 livres, de l'immeuble, appartenant encore à M. de Bréau et à sa femme, Madeleine Boucher. Le 23 juillet suivant, le roi gratifiait le sieur de Louvencourt de tous les droits de lods et ventes à lui dus à cause de cette acquisition.

Le 25 mars 1652, l'immeuble était acquis des consorts de Louvencourt, dont deux fils : Bernardin de Louvencourt, conseiller du roi au Parlement de Normandie, et Pierre de Louvencourt, par Mre Guillaume de Beauvais, seigneur de Limeil, La Tour et Valenton, conseiller du roi en sa cour de Parlement de Paris, moyennant la somme de 80.000 livres tournois, et aux charges portées au contrat, ensuite duquel était la ratification de Pierre de Louvencourt.

Par contrat du même jour, passé devant Colas et Anceau, notaires à Paris, Guillaume de Beauvais déclara que la vente de la maison à lui faite était pour et au profit de Mre Louis de La Rivière, ministre d'Etat, chancelier, commandeur et surintendant des ordres du roi, abbé de Saint-Benoit sur Loire.

Cinq mois plus tard, et en vue d'augmenter l'importance de

1. *Les actes de Sully,* Collection des documents inédits sur l'Histoire de France, par F. de Mallevouë, 1911, p. 44.

l'immeuble dont il venait de se rendre propriétaire, M. de La Rivière, par contrat du 14 août 1652, passé devant Manchon et son confrère, notaires à Paris, faisait l'acquisition de Mre Jean du Maitz, conseiller du roi en sa cour des Aides, et de dame Geneviève Le Roux, son épouse, d'une maison sise à Paris, rue des Tournelles, du côté de la place Royale, moyennant la somme de 15.000 livres.

Voici, enfin, le 25 mai 1658, une sentence de décret de la maison de la place Royale adjugée à Mre Jean Camus, pour illustrissime et révérendissime Mre Louis de La Rivière, évêque et duc de Langres, comme plus offrant et dernier enchérisseur, savoir : la maison acquise du Sr de Louvencourt et consorts, à la somme de 80.000 livres, et la maison acquise des S^r^ et dame du Maitz, 15.000 livres tournois [1].

Louis Barbier avait été tout d'abord connu sous le nom d'*abbé de La Rivière*. Fils d'un simple tailleur d'habit, il était né à Etampes ou à Montfort-l'Amaury. Devenu professeur de philosophie au collège du Plessis, à Paris, on le trouve aumônier de M. Habert, évêque de Cahors. L'abbé de Valençay, avec lequel il entretenait d'utiles relations, le présenta un jour à Gaston d'Orléans, qui le reçut dans sa maison avec le titre de sous-précepteur. Il devait bientôt prendre une grande influence sur l'esprit de son maître, tout en le trahissant auprès de Mazarin, qu'il tenait au courant des faits et gestes du duc d'Orléans. Le voici, ensuite, premier aumônier de *Madame*, maître de l'Oratoire de *Monsieur*, chancelier et garde des sceaux du Roi en 1645, et enfin grand aumônier de la Reine. Il sut se faire attribuer plusieurs abbayes, dont celle de Saint-Benoit-sur-Loire, et obtint d'être nommé évêque de Langres en 1655, ce qui lui conféra les titres de duc et pair de France.

Boileau a dit de lui dans sa satire I :

> ... le sort burlesque, en ce siècle de fer,
> D'un pédant, quand il veut, fait faire un duc et pair.

1. *Archives du département du Puy-de-Dôme*, fonds Montboissier-Canillac, série E.

Il eut même été nommé cardinal, grâce à Gaston d'Orléans, si la duchesse de Chevreuse ne s'était mise en travers et n'avait fait révoquer la décision.

En mourant, vers 1670, il avait offert la somme de cent écus à qui composerait pour lui la meilleure épitaphe. Sans savoir si la chose fut prise au sérieux par les poëtes officiels du temps, les auteurs contemporains nous ont transmis la suivante, en omettant de dire si elle fut primée :

Cy-gist un très grand personnage,
Qui fut d'un illustre lignage,
Qui posséda mille vertus,
Qui ne trompa jamais, qui fut toujours fort sage.
Je n'en dirai pas davantage :
C'est trop mentir pour cent écus [1].

Sauval a consacré une longue notice à la description de la maison de l'abbé de La Rivière, et qui porte sur des points tellement précis des aménagements intérieurs, que l'on reste convaincu qu'elle a été rédigée sur place, et à l'époque même où le prélat faisait décorer le somptueux hôtel dont il resta propriétaire de 1652 à 1670.

De cette description, il est facile de déduire que M. de La Rivière fit remanier l'immeuble de fond en comble. Au dire de Sauval, son contemporain, il en avait confié les travaux « au jeune Le Vau », ce dont il aurait eu sujet de se repentir [2].

C'est ainsi qu'une façade sur la cour, en dépit des belles sculptures de Van Obstal, aurait été complètement gâtée « par une vilaine aile parallèle à une muraille de pierre ». L'entablement et le fronton couronnant cette aile n'avaient pas non plus, dit le même auteur, les proportions qui convenaient. Il ressort de cette indication, qu'il devait y avoir là une page d'architecture de Le Vau, avec des sculptures de Van Obstal, qui fut sans doute détruite lors de remaniements postérieurs, et de la trans-

1. *Dictionnaire historique de Moreri*, 1759, t. II, p. 103.
2. Louis Le Vau, célèbre architecte, mort à Paris en 1670.

formation de l'hôtel, soit en mairie, soit en synagogue[1]?

Sauval critique également l'escalier d'honneur et les aménagements intérieurs, dont les pièces, dit-il, ne se correspondent pas et sont mal distribuées. Il reconnaît, cependant, que la grande salle est l'une des plus belles et des plus commodes de Paris. Elle était éclairée par quatre grandes croisées qui regardaient sur la place Royale, et couverte d'un plafond à l'italienne, c'est-à-dire en voûte, auquel Le Vau et Dorigny avaient donné une très riche décoration dont « les ors, les stucs, les peintures, les perspectives, les lointains, les blancs et noirs n'ont point été épargnés, afin de le relever par la magnificence et la superfluité des ornemens[2]. »

Pour donner « plus d'enrichissement » à ce plafond, Houseau avait sculpté autour une vigne toute chargée de raisins « calbotés d'or et de stuc », que Sauval trouvait fort grossièrement traitée. Dorigny avait peint, au centre, un *Jugement de Paris*, Girard et Tourtebat l'avaient agrémenté de fleurs peintes et d'ornements divers. Dans les angles, étaient plantées des figures feintes de stuc, semblant être en ronde-bosse et soutenant le plafond.

Attenant à cette salle se trouvait un cabinet duquel notre auteur a tracé la caractéristique ci-après :

« Il était certainement le mieux orné, le plus riche, le plus somptueux et le plus doré qui se voye dans le royaume et peut-être dans tout le monde ; mais Le Vau l'a environné d'une vilaine ordonnance de pilastres composites, qui portent une corniche architravée ; et de plus l'a embarrassé d'une si étrange confusion de tableaux, de stucs, de frontons, de demi-reliefs, de rondes-bosses mal distribuées, qu'il a fallu que les peintres et les menuisiers, malgré eux, se soient assujétis au caprice extravagant de cet architecte ; d'ailleurs, par son ordre, les murs sont si brillants de dorure, que l'or semble y avoir été employé par lingots... »

---

1. Van Obstal (Gérard), sculpteur célèbre, né à Anvers, mort à Paris en 1668, âgé de 73 ans, recteur de l'Académie Royale de peinture et de sculpture.

2. Dorigny (Michel), peintre et graveur, mort professeur de l'Académie en 1665, âgé de 48 ans. Il avait été le disciple puis le gendre de Vouet.

Van Obstal avait encore travaillé dans ce cabinet pour les stucs des corniches et des frises. L'abbé de La Rivière, amateur d'art sans doute peu éclairé, s'était aussi rendu acquéreur, à Rome même, de tableaux qu'il avait fait accrocher aux murs, et dont Sauval souligne le peu de valeur.

Nous tenons de cet auteur que le plafond du dit cabinet avait été « conduit et exécuté par Le Brun. »

Etant donnée la place considérable que tient ce grand peintre dans le mouvement artistique du XVIIe siècle, en raison de la minutieuse description faite par Sauval de cet hôtel, ce qui nous incite à penser qu'il dût en voir les décorations sur place, nous croyons utile de reproduire ici le compte-rendu écrit par ce dernier de l'œuvre dont il s'agit :

« Dans ce plafond est représenté tout ce qui se passe à la naissance du jour. Le Soleil placé au centre, et à demi endormi dans son char, semble éloigné de la Terre à perte de vue : la Nuit, le Point-du-Jour, Pan, Flore, la Rosée, l'Aurore et quelques autres figures grandes comme nature, et très belles, sont disposées et dispersées tout autour dans les autres parties du tableau, en divers endroits, et avec des occupations différentes.

« Le Soleil, tout haut et élevé qu'il est, paroit enfoncé dans un lointain, sans force et sans chaleur, et n'est éclairé que de quelques faibles rayons nouveaux-nés, qui ne donnent qu'une lumière incertaine et mouvante ; il est accompagné et servi par les Heures, les unes le lavent et lui essuient les pieds, les autres s'avancent et se pressent pour l'habiller et atteler ses chevaux. Cependant l'Aurore, à un des bouts du tableau, et bien loin devant lui, fuit et se fait voir à l'aise dessus notre Hémisphère : son visage n'est que vermillon, et ses habits sont tout de pourpre ; et quoiqu'elle ne songe qu'à se sauver en diligence, ses belles mains en se sauvant ne laissent pas de répandre sur la terre des roses et des fleurs. A un autre endroit on aperçoit la Rosée, qui avec joie et profusion verse de bénignes influences : ailleurs le dieu Pan, et sa très chère Pomone, ravis d'un si bel aspect, témoignent leur plaisir d'être sur le point de contempler bientôt fixement ce grand astre, sans craindre d'en être éblouis.

« La première Heure du jour dans un autre coin, vole avec vitesse annoncer la venue du jour. La Nuit, enfin, toute enfoncée et obscurcie qu'elle est dans des nuages, et qui devroit paroître tout à fait triste, semble néanmoins témoigner je ne sais quelle inclination pour ce petit feu qui part des yeux du Point-du-jour et de son flambeau. L'air de sa tête, le nud, la draperie aussi bien que toutes les autres figures, dont il a été parlé, sont finies, correctes, bien dessinées ; les passions par tout savantes, correctes, variées et exprimées avec jugement ; l'union et la vivacité du coloris, justes et bien concertées ; là les couleurs s'aident, se fortifient et se soutiennent. Mais parmi tant de bonnes choses, rien, à mon avis, ne touche tant que les figures de la Nuit et du Point-du-Jour, ce petit enfant est si tendre, si douillet et si gai ; son action si galante et si puérile ; son corps si rond, si potelé ; il tient son flambeau de si bonne grâce, et le pousse contre la Nuit si gaiement et si innocemment, qu'il ne se voit rien de pareil. A l'égard de la Nuit, ce n'est pas une figure moins achevée : de son bras fort galamment elle cache sa tête sombre et enfumée, et pare en même tems de fort bonne grâce les étincelles et les petits rayons qui partent du Point-du-Jour.

« Son visage basanné est d'une très belle brune, son habillement obscur et ténébreux est de la couleur de ces nuées épaisses que nous voyons quelquefois rouler entre deux airs, et nous menacer de pluie, de grêle et de tonnerre.

« Cette belle noire ne nous montre qu'une petite partie de son corps et de son habit, le reste est enveloppé dans des ténèbres, et confondu de sorte avec la nue, qu'on diroit que sa robe n'est faite que d'ombres et de nuages.

« Il y a encore beaucoup d'autres figures dans le même tableau, à quoi je ne m'arrêterai pas, aussi bien n'en ai-je que trop dit pour un si petit espace.

« Ce tableau, enfin, n'est pas un des moindres de Le Brun, ce n'est pourtant pas son chef-d'œuvre ; quelques-uns même y trouvent à reprendre qu'il est trop historié, trop orné de figures ; que tant de métamorphoses à la fois ont quelque chose de confus, surtout dans la rondeur d'un dôme et d'une voûte; de plus, qu'il est tourné à contre-jour [1]. »

Dans le manuscrit de Nivelon, contemporain de cette époque, reproduit par M. Henry Jouin dans son beau livre sur Charles Le Brun, on lit que ce peintre avait décoré deux pièces de cet hôtel de La Rivière, dans lequel il existait déjà, d'après le même document, une œuvre importante de Simon Vouet:

« Je dois parler de l'ouvrage que fit faire M. l'abbé de La Rivière dans la maison place Royale où se voit aussi un grand ouvrage de M. Vouet. Les deux chambres que M. Le Brun y a peintes, sont richement décorées et le plafond de la première renferme l'agréable et mistérieuse fiction du savant philosophe Apulée qui est le moment que Mercure enlève Psichée au ciel à son retour des enfers après l'avoir fait boire dans la coupe des dieux pour la rendre digne d'être mise au rang des divinités. »

Le maître des dieux, ajoute Nivelon, qui avait chargé le messager céleste d'aller chercher Psyché, semble descendre, pour la recevoir à l'entrée de l'Olympe, accompagné de Junon et appuyé sur Ganymède et sur l'aigle. Non loin de Jupiter, plus bas, sur des nuages, étaient Hercule et Hébé lui montrant l'héroïne. En l'air paraissait une nymphe du Parnasse repoussant de gros nuages, et semblant ouvrir les barrières du ciel ou écarter les voiles des ténèbres qui avaient environné Psyché [2].

Voici encore qu'un auteur contemporain, ou presque, Guillet de Saint-Georges, nous apprend que M. de La Rivière avait commandé à Ch. Le Brun un plafond représentant *les Noces d'Hercule et d'Hébé :*

« M. l'Evêque de Langres, connu auparavant sous le nom d'abbé de La Rivière, chef du conseil de son Altesse Royale Gaston de France d'Orléans, employa aussi M. Le Brun dans un des pavillons de la place Royale où loge aujourd'hui

1. *Histoire et antiquités de la Ville de Paris,* par Henri Sauval, 1750, t. III, p. 21.

2. *Charles Le Brun et les Arts sous Louis XIV,* p. M. Henry Jouin, p. 678.

Madame de Novion. Cet ouvrage représente *les Noces d'Hercule et d'Hébé, déesse de la jeunesse*[1] ».

Le Guide de Thiéry, dont on ne saurait trop apprécier les renseignements, donne la description suivante des peintures dont il s'agit, dans son édition de 1787 :

« L'Hotel de *M. Laurent de Villedeuil,* Intendant de la généralité de Rouen, situé au milieu du côté droit de cette place (Royale), est remarquable par des plafonds ornés de peintures. On voit dans celui de la salle à manger *Mercure présentant Hébé au maître des dieux, devant l'Olympe assemblé.* Ce morceau peint par Le Brun, peu de temps après son retour de Rome, annonce combien ce peintre s'étoit occupé de l'étude des grands maîtres pendant le séjour qu'il y fît.

« Les Muses, caractérisées par leurs attributs, sont groupées dans les angles de la voussure, dont les milieux sont occupés par des tableaux sujets de la fable.

« Cette salle est décorée de pilastres ioniques, avec cannelures dorées. Les bas-reliefs placés sur les portes représentent les saisons caractérisées par des enfants. Trois grandes statues de Cérès, Hébé et Bacchus ornent cette pièce. Le plafond de la chambre à coucher paroit avoir été peint par François Perrier ; il représente *le lever du Soleil :* on y voit ce dieu prêt à monter sur son char, et servi par les Heures. Il est devancé par l'Aurore : on y aperçoit la Nuit repliant ses voiles sombres[2]. »

Ainsi, selon les auteurs des XVIIe et XVIIIe siècles que nous venons de citer, l'ensemble des peintures exécutées pour la maison de M. de La Rivière peut se déterminer de la façon suivante :

D'après Sauval : 1° le plafond du grand salon, peint par Dorigny et représentant *le Jugement de Paris ;* 2° le plafond d'un cabinet, peint par Le Brun, figurant *la Naissance du Jour ou de l'Aurore.*

---

1. *Charles Le Brun*, par Guillet de Saint-Georges, dans les mémoires inédits sur la vie et les ouvrages des membres de l'Académie Royale de peinture et de sculpture. Paris, 1854, t. I, p. 12.

2. *Guide des étrangers et voyageurs dans Paris*, par Thiéry, 1787, t. I, p. 681.

D'après le manuscrit de Nivelon : 1° une œuvre importante de Simon Vouet, non dénommée ni située ; 2° le plafond d'une chambre, peint par Le Brun, représentant *Mercure enlevant Psyché au ciel ;* 3° une autre chambre décorée par le même artiste, sans désignation du sujet.

D'après Guillet de Saint-Georges : un plafond peint par Le Brun, représentant *les Noces d'Hercule et d'Hébé.*

D'après Thiéry : 1° dans la salle à manger, un plafond exécuté par Le Brun et figurant *Mercure présentant Hébé au maître des dieux devant l'Olympe assemblé ;* 2° dans la chambre à coucher, un plafond attribué à François Perrier, représentant *le lever du Soleil.*

Que reste-t-il de ces œuvres diverses ?

Les deux plafonds remontés dans le musée Carnavalet, dont l'un représente : *Mercure, Hébé et le Maître des Dieux,* et l'autre : *Le lever de l'Aurore,* œuvres que tous les auteurs modernes, ou presque tous, indiquent à tort comme provenant de l'hôtel Dangeau de la place Royale.

Or, l'hôtel Dangeau était au n° 12 de cette place, alors que les tableaux provenaient du n° 14, c'est-à-dire de l'hôtel de La Rivière, puis de Villedeuil [1].

On verra, d'ailleurs, dans la suite complète des propriétaires de l'hôtel qui nous occupe, que le nom du marquis de Dangeau n'apparaît pas. On remarquera aussi que les deux plafonds ne furent hospitalisés au musée Carnavalet, qu'à la suite de l'aménagement en temple israélite de l'immeuble numéroté 14, qui avait également été le siège de la mairie de l'ancien VIIIe arrondissement.

Dans l'ouvrage : *l'Art architectural en France,* écrit en 1866, l'auteur semble avoir vu en place celui de ces deux plafonds dénommé aujourd'hui : *le lever du Soleil,* ou *le lever de l'Aurore,* et décrit la salle de l'ancienne mairie dans laquelle il se trou-

---

1. Nous basant sur les travaux antérieurs les plus réputés, nous avons reproduit aussi cette erreur d'attribution. Elle devra être corrigée dans les ouvrages ci-après publiés par nous sur la matière : *Communication à la Commission du Vieux Paris,* du 23 octobre 1902 (p. 209) ; et *Iconographie de la Place Royale,* 1907 (p. 17, n° 35).

vait : La pièce était rectangulaire et éclairée par deux fenêtres donnant sur la place des Vosges, avec deux portes sur chacune des faces latérales.

Son ensemble avait conservé de nombreuses traces de l'ancienne décoration. Il parle d'une cheminée en marbre vert qui a dû être refaite au commencement du XVIIIe siècle. Des panneaux montraient des peintures décoratives du XVIIe siècle, figurant des lyres, des flèches, des carquois, des figures d'enfants posées sur les feuillages d'un fleuron symétrique, et soulevant des draperies. Les panneaux des portes, décorés de vases bleus portant de grands bouquets de fleurs, lui ont fait l'effet d'être de production moderne, quoique de style Louis XVI, ainsi que les dessus de ces portes représentant : *La Peinture, la Musique, la Comédie, la Science*. Le rédacteur décrit également les fortes moulurations des corniches, appartenant sans nul doute au XVIIe siècle, et qui étaient de puissants reliefs figurant des amours enfants soutenant des guirlandes de fleurs et chevauchant des aigles. Il a encore vu, à cette date de 1866, ou environ, les médaillons de la voussure : *Vulcain, Cybèle, le Temps, Cérès, Bacchus, Vénus, Junon, Amphitrite*. Des vases remplis de fleurs étaient figurés au-dessous des médaillons. Les grands panneaux de la voussure montraient des vases en albâtre d'où s'échappaient des guirlandes de fleurs. Il cite également des bas-reliefs feints : *le Triomphe de Thétis, l'Enlèvement de Proserpine, Stellion changé en lézard*, mais semble dire qu'ils n'existent plus au moment de sa visite. Il ne décrit pas non plus, malheureusement, le sujet principal du plafond.

Le même recueil est orné d'une planche gravée ne montrant pas, elle aussi, la peinture centrale du plafond, mais seulement les belles moulurations de la corniche [1].

Le plafond dont il s'agit, dans un état absolu de ruine, a été remonté au musée avec sa puissante voussure en relief, c'est-à-dire avec les génies-enfants portant des guirlandes de fleurs et chevauchant des aigles, avec les boiseries peintes de l'ancienne décoration du XVIIe siècle, et avec les portes à vases

1. *L'Art architectural en France*, par Eugène Rouyer et Alfred Darcel. Paris, 1866, in-f°, t. II, p. 33 et planche double, nos 30 et 31.

bleus de la mairie du VIIIe arrondissement. Les huit médaillons du plafond : *Cybèle, le Temps*, etc., flanquent les encoignures décorées d'aigles et sont à peine visibles ; les quatre panneaux aux vases feints, en albâtre, annoncés par *l'Art architectural en France*, n'existent plus, et sont recouverts d'une couche de couleur grise.

Ces vases, au dire de M. de Champeaux, avaient déjà remplacés les anciens bas-reliefs en peinture montrant *Thétis, Proserpine* et *Stellion*[1].

Quant au motif central, au *Lever de l'aurore*, ou *Soleil levant*, il est à peu près impossible de le reconstituer par la vue. Au premier plan,des figures de femmes assises, une debout, sont couronnées de fleurs et drapées de rose, et représentent peut-être les heures. L'une d'elles tient un cygne dans ses bras. Dans un angle, on croit distinguer une figure de la nuit ramenant à elle des voiles noirs. Dans un autre angle, un Bacchus assis semble présenter une grappe de raisin aux rayons du soleil levant ? Ce dernier serait représenté, au centre du plafond, par un jeune homme, entouré de quelques figures imprécises se détachant sur le fond jaune de l'aurore, et semblant écarter des nuages. Au-dessus de ce groupe, une renommée sonne de la trompette, annonçant peut-être le lever du jour ?

La décoration de cette pièce qui, comme le plafond, vient également de la place Royale, se compose de colonnes corinthiennes cannelées et dorées, et de quatre dessus de porte peints : *la Musique, la Comédie, la Peinture, l'Astronomie ou la Science*.

On y remarque aussi : quatre portes à deux vantaux, décorées de vases bleus et de bouquets ; et des boiseries de l'ancienne décoration, montrant des enfants, des guirlandes, des draperies, des lyres, des flèches et des carquois. Les panses des vases dont il s'agit, sont décorées de sujets symbolisant les manifestations de la vie édilitaire : *l'Instruction, l'Epargne, le Mariage, la Naissance, la Mort, l'Autel de l'amour, la Charité, la*

---

1. *L'Art décoratif dans le Vieux Paris*, par M. A. de Champeaux, 1898, p. 168.

Loi ; ce qui indique bien que cette décoration est d'essence municipale et qu'elle fut exécutée pour l'ancienne mairie.

Le second plafond, provenant encore de l'immeuble portant le n° 14, a été remonté dans la salle dite de *la Ligue,* que le guide explicatif du musée appelle sans raison la salle Dangeau. Il est intitulé : *Mercure, Hébé et le maître des Dieux.* Son aspect est assurément plus visible que le précédent, mais nous sommes obligés de convenir que les connaisseurs montrent peu d'enthousiasme pour la restauration qu'il a subie.

Hercule, assis sur des nuages, a un bras appuyé sur l'amour. Mercure lui amène Hébé tenant une coupe dans la main. Au premier plan, des dieux et déesses, dont Mars, casqué, Vénus, et autres figures. Non loin de Jupiter, semblant se dissimuler derrière des nuages, se voient Junon et le paon symbolique. Dans un angle, des nuages sombres sont dissipés par un génie ailé. Sur la voussure, au milieu de chacun des côtés, sont peints quatre sujets de paysages avec figures mythologiques.

Les encoignures de la frise sont richement décorées de vases d'or supportés par des sphinx en albâtre feint, tenant dans leurs griffes des médaillons peints en bas-reliefs à bordures d'or. Chacun de ces vases est flanqué de deux figures de femmes, peut-être les muses, drapées de différentes couleurs, tenant des attributs, et se détachant en vigueur sur un fond d'or. Quelques pilastres et boiseries ornent cette salle et proviennent également de la place Royale.

L'Encyclopédie d'Architecture, en 1862, a eu la bonne inspiration de reproduire également, après les avoir dessinés, alors qu'ils étaient encore en place, certains motifs décoratifs de l'intérieur de cet hôtel. L'ouvrage en a donné six planches, gravées au trait, consacrées exclusivement aux anciennes décorations du XVIIe siècle.

On y voit : une encoignure du plafond *le Lever de l'Aurore,* montrant les génies-enfants chevauchant des aigles et soutenant des couronnes, dont il a déjà été question, et une partie des médaillons à personnages mythologiques. Ce plafond est indiqué comme décorant le salon de l'immeuble.

Pour l'antichambre, c'est l'écoinçon d'un panneau circulaire décoré de guirlandes de fleurs et de rubans, avec console moulurée formant clef. Et aussi, pour la même pièce, un dessus de porte en médaillon rond, surmonté de guirlandes de fleurs et de rubans, avec détails de la corniche.

Pour la salle à manger, ce sont: des panneaux de porte, corniches, bases de pilastres, chapiteaux ioniques avec guirlandes de fruits. Les panneaux en bois sculptés montrent des amours tressant une guirlande de fleurs autour d'un vase brûle-parfums, duquel s'échappent de légères fumées.

De la chambre à coucher, on voit des détails de la corniche du plafond, formée de rinceaux, de vases entourés de couronnes de fleurs, d'oves et de feuilles d'acanthe.

Une des planches reproduit le grand escalier: sa base de pierre, limitée par un pilastre ionique, forme une surface triangulaire décorée d'un motif central circulaire et mouluré, dans lequel est un bouclier primant un carquois et des flèches. Au-dessus, un autre bouclier à tête de gorgone, avec des flèches, carquois, olifant et draperies. Au-dessous, toujours sculpté dans le relief de la pierre, un aigle est perché sur un coquillage marin que remorque, sur des vagues, un monstre ailé à queue de poisson et à tête d'aigle. Dans la pointe du triangle, on retrouve une répétition de ce dernier motif. Régnant sur ce soubassement de pierre, se dresse une belle rampe en fer forgé, dont le dessin est conçu dans le goût du style Louis XIV [1].

Ce fut cet escalier que critiqua Sauval, en blâmant la grosse colonne ionique qui, selon lui, embarrassait le milieu de l'entrée [2].

L'Inventaire des œuvres d'art de la Ville de Paris indique que ces deux bas-reliefs sont placés sur le mur d'échiffre de l'escalier conduisant aujourd'hui aux appartements du grand rabbin de France. Il les qualifie de : sujets allégoriques d'animaux, et les attribue à l'Ecole française du XVIIe siècle [3].

Dans le recueil d'architecture que nous citons, daté de 1862,

---

1. On trouvera une reproduction phototypique de cet escalier dans le *Procès-verbal de la Commission du Vieux Paris*, du 18 décembre 1902.
2. Sauval, t. III, p. 22.
3. Edifices religieux, t. IV, p. 385.

ces six planches sont mentionnées comme reproduisant des décorations artistiques de *l'Ecole préparatoire de la Place Royale*. Or, le *Bottin* ou *Almanach d'adresses* de cette même année, fait connaître que cette école se trouvait au n° 14 de la place, et qu'elle était tenue par M. Harant, chef d'institution. C'est donc toujours bien de la mairie de l'ancien VIIIe arrondissement qu'il s'agit [1].

Il nous paraît intéressant de rapporter ici les diverses phases par quoi passèrent les peintures qui nous occupent, pour aller de l'hôtel de Villedeuil au musée Carnavalet. Nous avons dit que leur enlèvement avait été nécessité par la transformation de l'immeuble en temple israélite ; ajoutons que les négociations furent suivies, sous le second Empire, par la commission administrative des Beaux-Arts et, particulièrement, par la sous-commission chargée de l'aménagement du futur musée Carnavalet.

Ce fut surtout à cette occasion que le vocable : *hôtel Dangeau*, fut employé à tort dans les documents administratifs pour désigner l'hôtel de Villedeuil : chaque fois qu'il nous faudra en donner une citation, nous aurons soin de la faire suivre du mot (*sic*), qui nous évitera ainsi de nouveaux commentaires.

Dans la séance du 22 août 1866, le Préfet de la Seine communiqua aux membres de la sous-commission un article publié par le journal *l'Evènement*, annonçant l'établissement d'une synagogue à la place Royale, dans l'hôtel Dangeau (*sic*).

Au cours de sa séance du 17 septembre suivant, la même sous-commission envisageait la possibilité du transport des deux plafonds de ce logis, pour l'aménagement de l'hôtel Carnavalet. On lit dans son procès-verbal :

> M. le Président signale à M. Baltard, chef du service d'Architecture, la nécessité d'utiliser à peu de frais, pour l'ornementation des pièces aujourd'hui dénudées de l'hôtel Carnavalet, la décoration intérieure actuelle de l'ancien hôtel Dangeau (*sic*), décoration

---

1. *Encyclopédie d'architecture*, par Victor Caillat et Alfred Lance. Paris-Bance. Le tome XII est daté de 1862. Les planches dont il est question portent les nos 9, 52, 76, 77, 111, 112 de ce volume. Elles ont été dessinées par E. Buyron et gravées par Le Coq et Varin.

qui ne peut décemment subsister dans une synagogue ou ses dépendances. Par le déplacement de ces boiseries et peintures les intérêts de l'art et les intérêts de la Ville seraient également respectés.

A quoi M. Baltard répondait qu'il reconnaissait le mérite artistique de ces œuvres d'art puisqu'on pouvait les attribuer à Le Sueur et à Le Brun ; mais qu'il fallait rechercher si la décoration intérieure de l'hôtel Dangeau (*sic*) pouvait se prêter à la distribution de l'hôtel Carnavalet. Il ajoutait que la transformation en temple israélite de l'immeuble de la place Royale ne devant pas commencer avant six mois, il allait, pendant ce délai, dresser un devis, d'accord avec le service des travaux historiques, de manière à pouvoir résoudre la question au mieux de tous les intérêts.

Voici la déclaration que vint faire M. Baltard, deux mois après, le 19 novembre 1866, à la même sous-commission :

M. le Directeur du Service d'Architecture annonce qu'après avoir fait étudier la question de savoir si les boiseries et peintures qui décorent l'ancien hôtel Dangeau (*sic*) pouvaient être déposées et replacées à l'hôtel Carnavalet, il a constaté que les dimensions des pièces dans lesquelles se trouvent ces divers objets d'ornementation et celles des pièces dans lesquelles il s'agit de les faire entrer étaient les mêmes, à quelques centimètres près. Il ajoute qu'il s'est assuré le concours d'ouvriers intelligents et spéciaux pour cette double opération. La sous-commission accueille avec intérêt la communication qui lui est faite et remercie M. le Directeur du Service d'Architecture d'avoir ainsi donné satisfaction au vœu qu'elle avait exprimé à diverses reprises.

Les travaux de dépose étaient suivis et étudiés par deux spécialistes : MM. Gailhabaud et Parmentier.

Dans la séance du 27 novembre suivant, la sous-commission s'occupe des différentes destinations à donner aux salons principaux du futur musée. Elle pense et émet l'avis que la pièce du milieu du premier étage du bâtiment situé au fond de la cour, pourra recevoir :

La magnifique décoration du salon Louis XIV, actuellement à l'hôtel Dangeau (*sic*), les dispositions principales du dit salon et des boiseries qu'on devrait y appliquer s'y prêtant d'une manière suffisante. Il faudrait seulement relever le plafond de 80 centimètres aux dépens de la partie des combles qui est au-dessus. Il reste toutefois à s'assurer que l'on pourra modifier à cet effet la charpente, sans compromettre la solidité de l'édifice et de la toiture.

Au commencement de l'année 1867, le 7 janvier, M. Baltard venait devant la sous-commission avec des propositions fermes et une demande de crédit de 21.000 francs. Cette somme devait être affectée à la dépose et à la repose dans le musée Carnavalet, des deux salons Louis XIV à provenir de l'hôtel Dangeau (*sic*). Le Directeur du service d'architecture proposait, en même temps, de remettre sur toile la fresque du grand salon du dit hôtel, avant de la replacer à Carnavalet avec les boiseries. Le même fonctionnaire n'insistait plus au sujet de l'utilisation des voussures du dit plafond, un membre de la sous-commission, M. Péron, ayant fait remarquer le peu de solidité des murs du musée destinés à les recevoir. Un représentant du Préfet de la Seine, M. Michaux, qui assistait à la séance, fit connaître que ce dernier, en présence du montant du crédit demandé, avait décidé qu'il était nécessaire de soumettre la question au Conseil municipal.

C'est alors que fut adoptée cette décision d'ajournement, que les événements de la guerre et de la Commune devaient prolonger pendant plusieurs années :

Pour ces divers motifs, la sous-commission estime qu'il suffira provisoirement de déposer les deux salons dont il s'agit, et de les garder en magasin, sauf à les replacer plus tard dans telle pièce de l'hôtel et de ses dépendances. Il résulte du calcul fait par M. Péron que cette simple opération ne coûterait que 3.000 francs au plus, somme évidemment minime eu égard à la valeur artistique de ces décorations. M. Péron est invité à faire de ce nouveau projet l'objet d'une note qui sera soumise à M. le Préfet.

Au cours de la même séance, le Président crut devoir demander à M. Baltard s'il n'était pas dans l'intention du Service d'Architecture de conserver, pour les besoins ultérieurs du musée, outre les décorations de ces deux salons, celles des trois autres pièces et le grand escalier de l'hôtel Dangeau (*sic*) :

M. le Directeur du Service d'Architecture répond que l'on déposera, en effet, diverses autres parties de la décoration des autres pièces, et qu'il tient d'autant plus à la conservation de l'escalier si remarquable de l'hôtel Dangeau *(sic)*, que son intention est de proposer de l'utiliser en le plaçant dans l'aile droite de l'hôtel Carnavalet ; l'édifice se trouverait ainsi doté d'un escalier monumental qui lui manque, et qui desservirait les deux étages du musée.

La dernière idée émise par M. le Directeur donne lieu à différentes objections. Un membre demande si les dimensions de l'escalier de Dangeau *(sic)* conviennent à celles de l'hôtel Carnavalet.

M. le Directeur du Service charge M. Péron d'étudier cette question.

Ne reste-t-on pas quelque peu stupéfait de trouver une semblable mentalité dans une commission *dite des Beaux-Arts*, au sein de laquelle se trouvaient des artistes, et qui siégeait à Paris. A Paris, la ville du bon goût et du bon sens !

Et n'est-il pas lamentable de voir ces mêmes artistes, discuter paisiblement et sans manifester un seul regret, sur le démembrement d'un logis qui était peut-être le plus artistique de la place Royale, et qui constituait à lui seul un véritable musée du XVIIe siècle. Pas une voix pour dire qu'il serait peut-être plus simple de rechercher un autre local pour y installer la synagogue, l'immeuble appartenant à la Ville ; pas un mot pour faire remarquer combien était ridicule et illogique, ce stupide vandalisme qui consistait à déposséder un vieil et historique hôtel de ses œuvres d'art, pour les remonter dans un autre, sous prétexte que cet autre était un musée !

Le grand escalier, au moins, fut sauvé ; mais ce fut sans doute grâce aux événements de 1870-71 bien plutôt qu'à un retour de bon sens de la commission.

Nous trouvons encore dans les dossiers *des Travaux Historiques*, précieusement conservés à la Bibliothèque de la Ville, en outre des procès-verbaux manuscrits ci-dessus analysés, le récolement suivant, établi sur place, et à cette époque de 1866 ou 1867, et indiquant sommairement les ornementations encore existantes dans les cinq plus belles pièces de l'hôtel de Villedeuil :

1° Décoration en lambris moulurés et sculptés en certaines parties ; quatre dessus de portes sculptés, dorés avec toiles peintes en grisaille ; corniches en plâtre sculpté et rosace de plafond idem. Louis XV avancé.

2° Décoration en partie en bois, en plus grande partie en plâtre sculpté, panneaux dessus de portes, corniches Louis XVI, très fin et très bien ajusté.

3° Décoration en lambris moulurés, quatre dessus de portes, encadrement de niche de poële et motif en face très remarquablement sculpté, corniches en plâtre sculpté. Louis XV. Portions d'anciennes décorations retrouvées dessous celles enlevées.

4° Superbe décoration Louis XIV, d'une salle à manger : pilastres, socles, bases, fûts, chapiteaux, bois ou plâtre sculpté et doré ; corniche idem. Magnifiques voussures peintes et dorées. Plafond peint à l'huile.

5° Splendide décoration en lambris de bois, moulurés, sculptés, peints et dorés ; soubassement peint et doré ; pilastres sculptés peints et dorés ; corniche sculptée peinte et dorée ; plafond sculpté peint et doré ; voussures décorées de guirlandes, aigles, enfants ronde bosse ; panneaux peints.

L'ensemble de ces cinq pièces constitue le rapprochement le plus intéressant et le plus remarquable des époques somptueuses de la décoration des intérieurs, et ce par des exemples hors ligne et attribués aux plus beaux noms : Le Sueur et Le Brun, 60.000 francs au bas prix.

Le même récolement, anonyme et sans date, comporte encore les indications suivantes :

Cheminée en marbre vert de mer, mesurant 1 m. 95, Louis XVI, jambages cannelés, feuillure traverse cannelée, avec rosaces et culot, rosaces aux extrémités, la sculpture dorée ; belle, estimée 800 francs.

Plaques de cheminées : sept pièces fonte dont une contre-cœur, mesurant 130×95, Louis XIV, très beau ; et cinq pièces costières Louis XV, estimées ensemble : 350 francs.

Une dizaine d'autres, Louis XIII, Louis XIV et Louis XV, estimées ensemble : 200 francs [1].

---

1. *Bibliothèque historique de la Ville*. Archives de l'ancien service des Travaux historiques.

Survinrent la guerre, la Commune, et les quelques années nécessaires au relèvement moral et financier de la Ville de Paris, pendant lesquelles les questions d'art avaient été momentanément écartées.

En 1874, l'aménagement du nouveau musée Carnavalet est remis à l'ordre du jour, et l'installation des œuvres d'art provenant de la maison de la place des Vosges, agitée de nouveau.

M. Charles Maillot, restaurateur, rue du Vieux-Colombier, n° 3, avait été chargé de leur remise en état.

Voici une nomenclature de ces objets, établie par l'artiste en question, le 16 juin 1874, et qu'il indique comme provenant de l'ancienne mairie, avec affectation au musée de la rue de Sévigné.

Il mentionne tout d'abord les œuvres d'art renfermées dans la pièce qu'il appelle *le Cabinet du maire* :

1. Plafond peint par Mignard, déposé avec sa charpente : 4 m. 40 × 3 m. 40 [1].
2. Voussures, sujets et figures en relief : 28 m. 80 × 1 m. 60.
3. Quatre portes à deux vantaux, panneaux de fleurs avec encadrements dorés : 3 m. × 1 m. 70.
4. Un dessus de porte ancien et trois modernes.
5. Deux portes simples, panneaux peints, vases et pigeons, toile marouflée, style empire.
6. Plusieurs panneaux, fleurs et figures sur fond d'or : 4 m. 55 × 0 m. 35.
7. Bandes de fleurs et ornements à fond d'or : 32 m. 70 × 0 m. 18.
8. Bandes d'acanthe fond d'or : 16 m. 50 × 0 m. 06.
9. Quatre panneaux idem : 0 m. 40 × 0 m. 65.
10. Douze panneaux idem : 0 m. 40 × 0 m. 15.
11. Quatre panneaux idem : 0 m. 40 × 0 m. 70.
12. Quatre panneaux idem : 0 m. 40 × 0 m. 25.
13. Un panneau idem : 0 m. 40 × 0 m. 80.
14. Deux panneaux idem : 0 m. 40 × 0 m. 35.

---

1. Le plafond que M. Maillot attribuait à Mignard, était celui actuellement dénommé *le Lever de l'Aurore*, que Thiéry indique comme étant de François Perrier, et actuellement dans la salle, dite Dangeau, du Musée Carnavalet.

15. Deux cent cinquante-quatre petits panneaux idem avec consoles : 0 m. 15 × 0 m. 10.

16. Boudin doré avec feuilles peintes : 26 m. × 0 m. 08.

17. Quart de rond doré avec oves peints : 27 m. × 0 m. 05.

18. Fond d'alcove à fond gris avec écailles dorées et trophée d'attributs, carquois, arc, etc.

Dans la pièce désignée par lui sous le nom de *Salle des mariages*, M. Ch. Maillot indique :

19. Un plafond sur toile, peint par Le Brun : 3 m. 66 × 2 m. 88.

20. Voussures peintes par Le Brun : 28 m. × 1 m. 80.

21. Quatre dessus de portes ovales en grisaille : *La Peinture, l'Architecture, la Musique, la Poësie.*

Ces quatre derniers dessus de portes, dit la nomenclature, étaient placés dans une troisième salle, dégarnie antérieurement [1].

C'est en 1877 que le Conseil municipal aborda la question du remontage des peintures dont il s'agit dans le musée Carnavalet. Une première délibération, du 14 juillet de cette année, décidait, en effet, que les plafonds, en dépôt dans les magasins de la Ville, seraient réinstallés dans *la maison des Drapiers* et son annexe. Une seconde délibération, du 20 novembre suivant, votait les crédits nécessaires « à la pose des plafonds provenant de l'hôtel Dangeau *(sic)* ». L'affaire avait été engagée par un mémoire préfectoral, signé de M. Ferdinand Duval, et daté du 15 novembre 1877.

Par un arrêté du Préfet de la Seine, du 3 septembre 1879, approuvant une délibération du Conseil municipal du 9 août précédent, M. Charles Maillot avait été chargé de la restauration du plafond attribué à Le Brun, remonté dans la salle, dite de *la Ligue*, et représentant *Mercure, Hébé et le Maître des Dieux*. Une somme de 13.400 francs était mise à la disposition de l'artiste qui devait, en même temps, restaurer un autre plafond, *le triomphe de Flore*, provenant d'un petit hôtel de la rue Blanche, n° 5 [2].

---

1. Archives du Musée Carnavalet.
2. *Archives de la Seine*. Arrêté préfectoral n° 12.058.

Le second plafond provenant de l'hôtel de Villedeuil, *le Lever de l'Aurore*, avait bien été remonté dans la salle des Drapiers, mais attendait toujours sa restauration.

Par le rapport qui suit, M. Félix Roguet, architecte du musée Carnavalet, sollicitait un crédit de 15.200 francs pour y procéder, crédit qu'il justifiait par un devis joint à sa demande :

« *Rapport de l'Architecte de l'Hôtel Carnavalet.*

« Les deux beaux plafonds provenant de l'hôtel Dangeau *(sic)*, ancienne mairie du 6e arrondt *(sic)*, place Royale à Paris, qui avaient été enlevés et déposés lors de la transformation de cet hôtel en une synagogue, dans les magasins de l'hôtel Carnavalet, sont actuellement réédifiés dans les nouveaux bâtiments de la 2me cour de l'hôtel.

« Un premier crédit avait été accordé pour la restauration des peintures du plafond attribué à Lebrun placé dans la première salle du pavillon de droite. Ce travail est entièrement terminé. Il reste à restaurer les peintures du 2me plafond placé dans le pavillon central ancienne maison des Drapiers. Le soussigné a l'honneur d'adresser à la Direction des Beaux-Arts un devis se montant à 15.200 francs.

« Ces beaux spécimens de peinture et de sculpture du XVIIe siècle, sauvés de la ruine et réédifiés dans un monument municipal, offriront aux générations futures des documents les plus précieux et feront honneur à l'Administration qui a concouru à les conserver.

« Paris, le 1er février 1881.

« Signé : F. ROGUET. »

Disons que M. Félix Roguet, dans la manchette du rapport ci-dessus, a écrit les mots : « Restauration des peintures du plafond de Mignard », ce qui indique qu'il l'attribuait à ce peintre.

Il répète, d'ailleurs, cette indication dans le devis joint à son rapport, et que nous croyons intéressant de reproduire. Le travail n'ayant jamais été exécuté, les chiffres de M. Félix Roguet pourront, nous semble-t-il, être utilisés le jour où l'on songera à la remise en état qu'il préconisait en 1881 :

Devis des travaux à exécuter pour la peinture et la dorure pour la restauration du plafond Mignard, pavillon des Drapiers :

Dorure des motifs de sculpture d'ornements en relief, des figures d'enfants, des quatre motifs d'angles ; et restauration des motifs de peinture sur les fonds, et des huit médaillons : 5.000 francs.

Dorure de la grosse moulure encadrant la peinture principale du plafond et des ornements en peinture : 1.200 francs.

Restauration du motif principal du plafond, figures, nuages, etc. : 2.000 francs.

Dorure de toute la corniche en bois avec ornements en peinture : 1.200 francs.

Dorure au blanc des consoles de la dite corniche : 1.000 francs.

Quatre motifs de fleurs du panneau du milieu de la voussure, peints à l'huile sur toile et marouflés : 3.000 francs.

Echafaudage pour l'exécution : 500 francs. Total : 13.900 francs.

Plus 1.300 pour imprévu : 15.200.

Rappelons qu'au mois de juin 1878, le Congrès de la *Société Centrale des Architectes*, lors d'une visite faite au musée Carnavalet, avait adopté un vœu tendant à y faire remonter les peintures et boiseries provenant de l'hôtel Dangeau (*sic*).

Pour résumer cette longue dissertation sur les ouvrages d'art que nous venons d'examiner, on peut dire que les deux plafonds du musée Carnavalit, exposés dans le pavillon des Drapiers et son annexe, sont bien ceux qui appartenaient à l'hôtel de Villedeuil, plus tard ancienne mairie, hôtel qui ne fut jamais Dangeau.

Quant à les identifier avec ceux décrits, non sans variantes, par Sauval, Nivelon, Guillet de St-Georges et Thiéry, c'est là, nous semble-t-il, une besogne délicate — les peintures n'étant ni signées ni datées — incombant plutôt à la critique d'art, et qui a déjà tenté, d'ailleurs, M. Henry Jouin dans son intéressant ouvrage sur Le Brun.

*
* *

Si nous reprenons la suite des propriétaires, nous rencontrons, le 14 juin 1674, une donation entre vifs faite par le sieur Pinguenet, prêtre, prieur de Saint-Gilles de Dreux, à Mre et dame Béraud, de la somme de 60.000 livres, pour être employée à l'acquisition d'une maison qui ne pourra entrer en la communauté des dits sieur et dame.

Cette maison ne sera autre que l'hôtel qui nous occupe actuellement.

En effet, par contrat du 15 juin 1674, passé devant Vallin de Serignan, et son confrère, notaires à Paris, Messire Pierre Barbier de La Rivière, prieur et seigneur de Paluau, vraisemblablement héritier de Louis de La Rivière, vend l'immeuble à Mre Joachim Beraud, seigneur de Croissy, grand audiencier de France, moyennant la somme de 75.000 livres et outre les charges portées au contrat.

Les 14 avril 1688 et 22 septembre 1690, Mre Charles Colbert, chevalier, marquis de Croissy, Torcy et autres lieux, et dame Françoise Beraud, son épouse, de lui autorisée, cèdent l'hôtel au prix de 95.000 livres, par contrat passé devant Caillet et son confrère, notaires à Paris, à dame Catherine de Malon, veuve de Mre André Pottier, chevalier, seigneur de Novion, conseiller du roi en ses Conseils. Le dit hôtel chargé d'un écu d'or et demi de cens par année envers le roi, payable au jour de Saint-Remy.

Charles Colbert, marquis de Croissy et de Torcy, troisième fils de Nicolas Colbert et de Marie Pussort, avait été conseiller d'Etat ordinaire, grand trésorier des ordres du roi, ambassadeur en Angleterre, ambassadeur extraordinaire pour la paix de Nimègue, ambassadeur auprès du duc de Bavière au sujet du mariage du Dauphin. Ce fut lui qui conclut la paix entre les Etats-Généraux et l'évêque de Munster, et celle des Pays-Bas en 1668, à Aix-la-Chapelle. Nommé par le roi, ministre et secrétaire d'Etat, le 20 novembre 1679, il mourut le 28 juillet 1696, âgé de 67 ans. Il avait épousé Françoise Beraud décédée le 17 septembre 1719, fille unique et héritière de Joachim Beraud.

Madame de Novion s'engageait, par soumission du 28 août 1688, de payer 500 livres de rentes à titre de pension viagère, à Madame Anne de Louvencourt dont les ayants droit avaient été jadis possesseurs de l'immeuble. Une sentence du Châtelet de Paris, du 10 novembre 1688, ordonnait ensuite que l'adjudication serait faite à la charge, par la dame de Novion, acquéreur, de payer par année, aux religieuses de l'Annonciade de Popincourt, à Paris, à cause de Dame Anne de Louvencourt, religieuse au dit couvent, 500 livres de rente pendant sa vie.

Le 29 août 1690, intervenait un arrêt du Conseil d'Etat, rendu entre Dame Catherine de Malon de Bercy, veuve de Mre André Pottier, chevalier, seigneur de Novion, Me des Requêtes, et Mre Christophe Charrière, fermier général des Domaines de France, le Roi étant en son Conseil, faisant droit sur les requêtes respectives, sans avoir égard à celle de Charrière, déchargeant la dite dame de Novion du payement des droits de lods et ventes de la maison par elle acquise des sieur et dame de Croissy, par contrat du 14 avril 1688, située dans la censive de Sa Majesté.

Madame la présidente de Novion obtenait encore, le 6 avril 1691, une ordonnance des Trésoriers de France lui permettant de faire poser un balcon de fer au-devant d'une croisée du grand salon de sa maison de la place Royale, au premier étage[1].

Nous ne savons si l'ordonnance précitée fut rigoureusement exécutée dans le moment, mais ce que nous pouvons dire c'est que le balcon règne aujourd'hui au devant de *deux* croisées, celles du milieu du pavillon entier. C'est d'ailleurs un beau travail en fer forgé, décoré de palmes et de médaillons, d'un dessin soigné et peu commun, et paraissant dater du XVIIe siècle. La tablette, qui semble être une table de marbre, est supportée par des armatures de fer selon le système du temps.

Le Registre du terrier du Roi, pour 1700, donne la mention ci-après :

19. Maison à porte cochère, appartient à Madame Catherine de Maslon, veuve de M. le Président de Novion, y demeurant, laquelle a une issue par la rue des Tournelles, au nº 66. Elle en a

1. *Archives du département du Puy-de-Dôme*, fonds Montboissier-Canillac. Inventaire, série E, liasse 8 B, titres de l'hôtel de Canillac.

passé déclaration devant Lemoyne, notaire, le 29 octobre 1703. Est chargée de 8 livres 11 sous de cens.

Le même terrier, pour la rue des Tournelles n° 66, porte : « jardins de l'hostel de Novion [1]. »

Voici encore, pendant la possession de l'hôtel par Madame de Novion, l'indication d'une quittance du 5 octobre 1708, montant à la somme de 1.565 livres, pour rachat des boues et lanternes porté au rôle du 26 février 1704, et incombant à la maison de la place Royale.

Dame Catherine-Anne de Malon, fille de Charles-Henri de Malon, seigneur de Bercy, maître des Requêtes, et de Françoise Berthelin, avait épousé, le 3 février 1660, Mre André Pottier, marquis de Novion, seigneur de Grignon et d'Orches, conseiller au Parlement de Paris le 31 août 1657, avocat général au grand Conseil en 1661, maître des Requêtes le 12 décembre 1663, Président à mortier au Parlement en survivance de son père, le 2 janvier 1674. Il était décédé avant ce dernier et sans avoir exercé le dit office, le 23 janvier 1677, et avait été inhumé aux Innocents. Dame Catherine de Malon mourut le 1er septembre 1715.

En 1718, le somptueux logis sortait de la famille de Madame de Novion pour entrer dans celle de Canillac :

Par contrat du 8 avril, en effet, passé devant Jourdain, notaire à Paris, les héritiers de Madame de Novion : Messire André Pottier de Novion, chevalier, comte de Novion ; dame Catherine Pottier de Novion, épouse de Mre Jean-Baptiste-Louis Berryer, chevalier, seigneur de La Ferrière ; Mre Louis-Anne-Jules Pottier, marquis de Novion, vendent l'hôtel à Mre Jean de Beaufort-Canillac de Montboissier, comte de Canillac, moyennant la somme de 80.000 livres.

Un manuscrit conservé à la *Bibliothèque Nationale*, département des estampes, intitulé : « Inventaire des desseins et autres papiers renfermés dans les portefeuilles de Monsieur de

---

1. *Archives nationales*, papiers terriers du Roi pour 1700. Q1 * 1099 10D, tome XI, f° 17.

Cotte », porte l'indication suivante : « Portefeuille n° 34. Numéro 2606. Plans de l'Hôtel de Canillac[1]. »

Les plans dont il s'agit, au nombre de deux, ont été versés dans les fonds de la Topographie de la France. Le premier, représentant le rez-de-chaussée, montre six arcades sur la place. La porte cochère est ouverte sous la 3e arcade. D'après ce document, le grand escalier se trouvait au fond du vestibule, à gauche. Une porte conduisait dans la cour, bordée à droite de bâtiments. Au fond de cette cour était le jardin, dont le mur postérieur donnait sur la rue des Tournelles. Décoré d'un grand massif central de verdure à la française, ce jardin était bordé à droite d'appartements dont les fenêtres lui faisaient vis-à-vis et, à gauche, des écuries installées dans une emprise provenant de la propriété voisine. De la cour de ces écuries, une petite porte ouvrait sur la rue des Tournelles. Au milieu de la cour est écrit : *hôtel de Canillac.*

Le second plan, de mêmes dimensions et inscription, doit figurer le premier étage de l'hôtel. Sur la place, en allant de gauche à droite, est un grand salon éclairé par quatre fenêtres, une chambre à côté, de deux fenêtres. Deux pièces, derrière, donnent sur la cour, avec le vestibule de l'escalier. Dans un grand bâtiment en aile, à droite, est une suite d'appartements s'éclairant sur la cour et le jardin par quatorze fenêtres.

Ces deux plans sont originaux, lavés et en couleur, avec traits à l'encre. Ils mesurent 48 centimètres sur 32[2].

Les archives du département du Puy-de-Dôme nous ont fourni le curieux inventaire dressé à la mort du comte de Canillac, arrivée le 10 avril 1729, des biens meubles, titres, papiers, argenterie, bijoux, effets, contenus dans son hôtel de la place Royale, et présentés aux officiers chargés de l'opération pour la comtesse de Canillac, par Mathieu Darridole, valet de chambre-tapissier de la dite dame, et par Claude Aubriot, maître d'hôtel, gardien des scellés.

Nous avons extrait de ce long document, qui ne compte pas

1. *Bibliothèque nationale*, Estampes Ye 36.
2. *Bibliothèque nationale*, Estampes, topographie de la France, Seine, Paris, 4e arrt, 15e quartier, Va 250.

moins de 40 pages in-folio, la liste des objets qui nous ont semblé présenter quelque intérêt concernant l'aménagement intérieur d'un grand logis parisien au commencement du XVIIIe siècle. Il nous a paru, d'autre part, indispensable de reproduire toutes les indications des chambres portées au dit inventaire, alors même que nous n'avions rien à signaler de leur contenu, afin de montrer l'importance de l'hôtel au point de vue de l'habitation :

Le jeudi 21 avril 1729, à la requête de dame Elisabeth Ferrand, veuve de Jean de Beaufort de Canillac de Montboissier, comte de Canillac, seigneur du Breuïl et de Montpantier, chevalier, commandeur des ordres du roi, lieutenant-général de ses armées, capitaine-lieutenant de la seconde compagnie des mousquetaires de la garde à cheval du roi, gouverneur et grand bailly de la ville et citadelle d'Amiens et de Corbie, demeurante à Paris, place Royale. Et aussi à la requête de messire Denis-Michel de Montboissier-Beaufort-Canillac, marquis du Pont-du-Château, brigadier des armées du roi, sous-lieutenant de la seconde compagnie des mousquetaires du roi, demeurant à Paris en son hôtel susdite place Royale, héritier du comte de Canillac, son oncle. Et en présence de Charles Le Maistre, conseiller-secrétaire du roi, représentant Mre Jean-Louis de Bonlieu, marquis de Montpantier, et dame Michelle de Bonlieu, épouse de messire Antoine de Pont, seigneur de La Grange, frère et sœur, héritiers pour partie du comte de Canillac leur oncle, il a été dressé un inventaire duquel nous donnons l'analyse ci-après :

Dans la cave. Quatre feuillettes de vin rouge du crû de Bourgogne, et cinquante bouteilles de gros verre, pleines de pareil vin, prisées ensemble 140 livres, etc.

Dans la cuisine au rez-de-chaussée ayant vue sur la cour du dit hôtel. Ustensiles divers.

Dans une salle à côté. Meubles divers.

Sous la remise. Une calèche à six personnes, doublée de pluche rouge ; trois coussins pleins de plumes, couverts de pareille pluche ; la dite, montée sur son train de quatre roues, prisée 500 livres.

Une berline à trois glaces, doublée de velours cramoisi ciselé, de ses rideaux de taffetas cramoisi et garnis de frange de soie aurore, montée sur son train à quatre roues, prisée 600 livres.

Un carrosse coupé à trois glaces, doublé de velours cramoisi ciselé, un coussin plein de plumes couvert de pareil velours et garni d'une frange de soie aurore, monté sur son train à quatre roues, prisé 650 livres.

Une berline en vis-à-vis à trois glaces, doublée de pluche grise avec deux coussins couverts de pareille pluche, deux rideaux de taffetas gris, avec une frange de soie grise, montée sur son train de quatre roues, prisée 600 livres.

Dans la cour. Un chariot sur son train de quatre roues, prisé 100 livres.

Dans l'écurie. Dix chevaux de carrosse tous hongres, ayant crin, queuë et oreilles, dont sept hors d'âge et les trois autres âgés de 5 à 6 ans chacun, prisés 3000 livres. Meubles et ustensiles.

Sous un passage à côté de l'écurie. Huit paires de harnais pour chevaux de carrosses, avec deux paires pour la Ville et le surplus pour la campagne, le tout de cuivre, avec les boucles et plaques de cuivre doré, prisés 100 livres. Ustensiles divers.

Dans le cabinet du défunt seigneur de Canillac. Quatre fauteuils et quatre chaises de bois doré couverts de toile aurore, six autres fauteuils de bois doré à manchettes couverts de damas fleuron de mer avec leurs bavettes, trois autres fauteuils de bois de noyer couverts de tapisserie à l'aiguille avec leurs bavettes de coton, prisés ensemble 150 livres. Un bureau écaille et marqueterie à sept tiroirs et un guichet dans le milieu, prisé 100 livres. Une commode à trois tiroirs garnis de leurs mains et entrées de cuivre doré, avec son dessus de marbre gris, prisée 150 livres. Deux petits coffres-forts d'Angleterre, de bois de rapport, garnis de plaques de cuivre, sur leurs pieds dorés, prisés ensemble 20 livres. Un cabinet de la chine, à plusieurs petits tiroirs, sur son pied de bois doré, et un gradin de bois doré au fond duquel est une glace de 30 pouces de long sur 12 pouces de large, prisés ensemble 120 livres. Un sopha de bois doré et crin, couvert de damas cramoisi, un matelas de crin couvert de même, prisés ensemble 90 livres. Une petite armoire en bibliothèque, de marqueterie, à deux volets, fermant à clef, garnie de fil de laiton, prisée 18 livres. Dans la dite armoire, 150 volumes in-octavo reliés en veau, traitant de dévotion et autres sujets, prisés 70 livres. Ustensiles de cheminée, et meubles divers.

Dans un petit cabinet attenant celui ci-dessus. Table écritoire, petit canapé, petites armoires à encoignure. Douze tableaux de différentes grandeurs, dont la plupart sont estampes et le surplus peint sur toile, dans leurs bordures de bois doré, prisés ensemble 20 livres. Glaces, coffres, etc., tapisserie façon de Turquie, estimés 100 livres.

Dans la chambre à costé dudit cabinet et où couche la dite dame comtesse de Canillac. Grille, pelle et pincettes en fer poli, à garnitures de cuivre, prisées 18 livres. Un sopha en bois doré et son matelas, garnis de toile aurore, prisés 40 livres. Deux petites tables de marbre en console sur pieds de bois blanc peint, prisées 25 livres. Une couchette à bas piliers garnie de soie, sur sa literie, prisée 150 livres.

Dans un salon à côté de la dite chambre. Une grande table carrée de marbre blanc sur son pied de bois doré, prisée 60 livres. Une pendule faite à Paris, dans sa boite d'écaille et marqueterie, sur son pied de même, prisée 100 livres. Une autre pendule antique, dans sa boite, sur son pied et console d'écaille et marqueterie, prisée 80 livres.

Dans le grand salon ensuite de celui ci-dessus. Une table de marbre servant de buffet, cassée en partie, sur son pied de bois sculpté peint en blanc, prisée 15 livres.

Dans une petite garde-robe attenant la chambre à coucher de la dite dame de Canillac. Menus meubles et objets.

Dans l'antichambre de l'appartement qu'occupoit le défunt seigneur comte de Canillac. Trois tables à jouer de bois de merizier, prisées 12 livres. 8 chaises de bois de noyer couvertes de tapisserie à gros points antiques, prisées 30 livres, une table de marbre sur son pied de bois doré, prisée 4 livres.

Dans la chambre à coucher du défunt seigneur comte de Canillac. Ustensiles de cheminée en cuivre doré, estimés 32 livres. Une commode de bois de merizier à 4 tiroirs garnis de leurs mains de fer, prisée 100 livres. Une couchette à bas piliers, de bois de noyer avec sa literie en damas cramoisi et galons d'or ; 4 fauteuils de bois de noyer couverts de damas cramoisi, bordés de galons d'or fin, 4 chaises de bois doré couvertes de damas cramoisi, deux tabourets pareils aux chaises ; la tapisserie de la pièce en damas cramoisi bordée d'un galon d'or fin, deux rideaux de fenêtre de vieux damas cramoisi, le tout prisé 800 livres. Douze fauteuils à manchettes de bois de noyer couverts de pluche rouge, avec leurs bavettes de toile de coton, trois banquettes de bois de noyer couvertes de pareille pluche, prisés 80 livres.

Dans un petit cabinet ensuite. Une petite pendule antique dans sa boite d'écaille à filets de cuivre, sur sa console de bois doré, prisée 40 livres. Un tableau peint sur cuivre représentant la Sainte Vierge tenant l'Enfant Jésus, dans sa bordure octogone de bois sculpté et doré, prisé 3 livres.

Dans une salle à manger ensuite du dit cabinet. Ustensiles de cheminée en cuivre doré prisés 100 livres. Un poële en cloche de fonte, avec son tuyau de tôle, prisé 9 livres. Une fontaine à laver les mains et cuvette de cuivre rouge, prisée 30 livres. Une table de marbre sur son pied en bois sculpté peint en blanc, prisée 30 livres. Douze chaises de bois de noyer à cadre, couvertes de tapisserie à colonnes, prisées avec les rideaux de fenêtre, 42 livres. Une table de bois blanc sur un pied de chêne, prisée 3 livres.

Dans l'office ou salle d'office. Meubles sans importance.

Dans l'office ensuite, ustensiles de cuisine et meubles sans importance.

Dans la chambre du sieur Aubriot, maître d'hôtel, meubles sans importance.

Dans une chambre de la comtesse, au second étage ayant vuë sur la cour. Deux armoires de chêne, une couchette de noyer à bas piliers avec sa literie, deux fauteuils de noyer couverts de serge grise ; six chaises de bois d'aune foncées de paille. Dans les deux armoires : trois douzaines de chemises de femme avec manchettes et tour de gorge en batiste, estimées 100 livres. Une garniture de dentelle de Valenciennes, prisée 150 livres. Deux garnitures de gaze, quatre paires d'engageantes dont deux d'Angleterre et les deux autres de Mâlines, cinq garnitures de nuit dont deux dormeuses garnies de petites dentelles de Mâlines, prisées 130 livres. Deux robes de chambre de damas dont une à fond noir et l'autre feuille-morte, deux robes de satin petit gris, deux robes de taffetas rayé, quatre jupons dont deux assortissant les robes ci-dessus, une robe de gros de Tours, une de taffetas rayé, trois paires de bas de soie noire, un manteau et une jupe de raz de Saint-Maur noir, deux paires de souliers et deux paires de pantoufles de castor, le tout prisé 245 livres. Trois coiffes dont deux de gaze et une de taffetas, deux écharpes noires, prisées 15 livres.

Dans un garde-meubles ensuite de la chambre ci-dessus. Un bois de lit démonté à hauts piliers, étoffe à galon d'or et tapisseries, le tout prisé 4000 livres. Un bois de lit de camp démonté à hauts piliers, un sopha en bois doré, une armoire antique de bois noir à deux grands battants, deux moyennes armoires de chêne, un cabinet de bois d'ébène à deux volets, garni de petits tiroirs, sur son pied de pareil bois ; deux grands coffres bahuts couverts de cuir noir, garnis de petits clous, etc., le tout prisé comme très vieux, 36 livres. Quantité de meubles et étoffes.

Dans le garde-meuble. Sept pièces de tapisserie de Flandre à grands personnages, représentant *l'Histoire de Cyrus*, doublées, prisées 1000 livres. Huit autres pièces de tapisserie de Flandre à grands et petits personnages, représentant *les Fruits de la Guerre*, doublées, prisées 1000 livres. Quatre autres pièces de tapisserie d'Angleterre à grands personnages, fond d'or, soie et laine, représentant *l'Histoire de David avec l'arche d'alliance*, doublées, prisées 1400 livres. Sept autres pièces de tapisserie verdure, fabrique de Flandre, doublées, prisées 750 livres. Trois tapis de Turquie dont un grand et les deux autres petits, prisés comme vieux, 20 livres. Deux tabourets de bois doré couverts d'étoffe de Turquie à fond d'or, prisés 10 livres. Dans une armoire de ce garde-meuble, quantité de costumes d'homme, en velours, satin, camelot, galonnés d'or et d'argent. Voici le détail de l'un d'entre eux : « Un justeaucorps de camelot d'Angleterre couleur de noizette doublé de soye, brodé en plein d'argent, à boutons aussy d'argent; une veste en gros de Tours, de pareille couleur que l'habit, brodée en argent et plein, et doublée de soye blanche ; une culotte de camelot de pareille couleur, et une paire de bas de laine, le tout prisé 180 livres. »

Dans les autres armoires situées dans ce garde-meuble, sont inventoriés de nombreux effets d'habillement, lingerie, etc., qu'il serait beaucoup trop long de reproduire ici, mais dont le détail est du plus haut intérêt pour l'histoire du costume et des mœurs au commencement du XVIIIe siècle.

Dans une chambre au second étage ayant vue sur la place Royale. Meubles sans importance.

Dans une autre chambre au second étage ayant vue sur la place Royale. Meubles et objets sans importance.

Dans une autre chambre à côté de celle ci-dessus formant garde-robe. Meubles et objets sans importance.

Dans la chambre de laquais dans le même corridor que le garde-meuble ci-dessus, et ayant vue sur la place Royale. Meubles sans importance.

Dans une chambre à côté de celle ci-dessus, où couche le sieur Darridole, valet de chambre-tapissier. Meubles sans importance.

Dans une chambre attenante à la précédente. Meubles sans importance.

Dans la chapelle. « Un christ monté sur sa croix et deux chandeliers, le tout de cuivre argenté, une sonnette aussy de cuivre argenté, prisés ensemble 10 livres. Une aube de batiste garnie d'une dentelle d'Angleterre très ancienne, un amict, un purificatoire, un lavabo, un corporal de toile de batiste, deux chasubles avec leur étole, manipule et voile de calice, sçavoir, l'une fond blanc et argent ornée de fleurs de différentes couleurs, et l'autre de satin et fleurs fond violet bordé de rubans de soie aurore, une bourse de pareil satin, un petit pupitre de bois de noyer, un missel romain in-folio relié en veau, un canon sur carton, le dessus de l'autel de toile de coton rayé, prisés ensemble, avec un petit tabouret de bois de noyer garni de crin et couvert de damas cramoisi, 60 livres.

Dans un petit cabinet en aile de la chapelle. Un petit bureau de bois de merizier à six tiroirs fermant à clef couvert d'une petite feuille de maroquin, une petite table de bois de prunier, deux boites, une petite servante à mettre du tabac d'Espagne, prisés ensemble 9 livres.

Dans un coffre ou malle étant dans une chambre. Un habit de novice de l'ordre du Saint-Esprit, un nœud d'épée argent, un ceinturon brodé d'argent doublé de soie, une paire de souliers blancs avec des touffes d'argent, un pourpoint et une trousse de drap d'argent, et une paire de bas de soie blanche, prisés ensemble, 100 livres.

Dans la chambre au-dessus de l'office où couche la fille de cuisine. Meubles sans importance.

Dans la chambre au second sur l'aile ayant vue sur la cour. Meubles sans importance.

Dans une chambre à côté où couche un valet de chambre. Meubles sans importance, avec une armoire contenant divers effets, dont le costume suivant : « Un habit de compagnie des mousquetaires, en drap écarlate à boutonnières et galons d'argent doublé de chagrin, la veste aussy de drap écarlate doublée de chagrin, une culotte de même drap doublée de peau, et une paire de bas de laine gris de fer, prisés 75 livres. Deux épées dont une grande et une petite, à poignées et gardes d'argent ciselé, une autre épée à garde de cuivre et la poignée d'argent, une autre épée de deuil, deux ceinturons de soie de couleur, prisés ensemble, 90 livres. Quatre chapeaux castor dont deux brodés d'argent et deux brodés d'or, une paire de pantoufles de velours cramoisi bordées d'un galon d'or fin, six paires de souliers de maroquin, quatre perruques de cheveux blonds, prisés ensemble, 24 livres.

Dans une chambre à côté de celle ci-dessus où couche un laquais. Meubles sans importance.

Dans une chambre à côté de l'écurie. Meubles sans importance.

Dans la chambre du cuisinier au rez-de-chaussée sur la cour. Meubles sans importance.

Dans la chambre du Suisse. Meubles sans importance.

Dans le grenier, bois et paille.

Une mention spéciale de l'inventaire est affectée à l'argenterie :

Suit l'argenterie étant dans l'office. Trois grands bassins, deux grands plats ronds à anses, un autre grand plat à soupe, six autres plats godronnés dont deux à bouilli et quatre à entrées, le tout rond, dix autres plats godronnés de différentes grandeurs, trois douzaines d'assiettes rondes godronnées, quatre autres assiettes hors d'œuvre aussi rondes et godronnées, deux autres douzaines d'assiettes à comptours, aussi godronnées, quatre jattes aussi à comptours godronnées, quatre autres jattes ovales aussi godronnées, deux grandes cuillères à potage, une grande fourchette à bouilli, quatre cuillères à ragout, une cuillère à olives, trente cuillères et vingt-trois fourchettes à bouche, le tout d'argent, poinçon de Paris, pesant 365 marcs 5 onces, prisé à juste valeur comme vaisselle plate, à raison de 48 livres 6 sols 5 deniers le marc, à la somme de 17.667 livres 6 sols.

Un seau, quatre saumonières, quatre aiguières, deux poivrières, quatre salières, deux écuelles à couvert, deux soupières, deux sucriers, deux cafetières, une chocolatière, et une théière, le tout d'argent, poinçon de Paris, pesant 94 marcs 2 onces, prisé comme vaisselle montée à juste valeur et sans cruë, à raison de 47 livres 12 sols 2 deniers le marc, ensemble la somme de 4.487 livres 1 sol 8 deniers.

Un grand couteau et deux moyens couteaux de table pesant 2 marcs et demi, prisés comme vaisselle montée à la somme de 119 livres 5 deniers.

Six grands flambeaux, quatre autres flambeaux moyens, deux autres petits flambeaux de toilette, trois porte-mouchettes avec leurs mouchettes, trois cuillères et trois fourchettes, deux couteaux à manches d'argent, une autre cuillère, fourchette et couteau de vermeil, deux salières, un crachoir, deux petits plats, une petite soucoupe, un bougeoir, un éteignoir, deux boites de toilette, une petite écuelle couverte, un sucrier, un pot à eau couvert, douze cuillères à café dont six de vermeil, une boule à faire du riz, un porte-bouillon, un réchaud, deux gobelets, une petite passoire à thé, un autre bougeoir, un éteignoir, une bassinoire, un bassin à barbe, un coquemar, un flacon avec sa cuvette en forme de tasse, une boite à savonnette, un tour de corbeille, une soucoupe, une tasse à couvercle et un porte-huilier, le tout d'argent, poinçon de Paris, pesant cent six marcs, une once, quatre gros, prisé comme vaisselle montée à raison de 47 livres, 11 sols, 2 deniers le marc, la somme de 5.055 livres 8 sols 2 deniers.

Douze cuillères, douze fourchettes et douze couteaux de vermeil, prisés comme vaisselle plate, la somme de 628 livres, 3 sols, 5 deniers.

400 jetons d'argent à armoiries, pesant 15 marcs, prisés 730 livres, 2 sols, 6 deniers.

Quatre douzaines de gros boutons d'or massif, pour garnir un surtout, et quatre douzaines de boutons pareils pour veste, pesant ensemble quatre marcs, deux gros, prisés comme or cassé, à raison de 570 livres, 15 sols, 3 derniers le marc, la somme de 2.300 livres, 17 sols, 3 deniers.

Une petite écuelle couverte, deux gobelets couverts, 2 gobelets plats, 10 autres gobelets en timbale, 9 petites marmites dont 5 ciselées et 4 à festons, le tout de vermeil d'Allemagne, prisés 1.059 livres 9 sols. Une paire de boutons de manche en or, une paire de boucles aussi d'or à chasse d'acier, prisés 90 livres. Une ceinture de manchon, d'or, garnie de sa boule aussi d'or avec sa chasse d'acier, prisée 90 livres. Une montre à répétition à cadran d'or émaillé, dans sa boite aussi d'or ciselé, garnie de sa chaine d'or, clef de cuivre et de son cristal, prisée 400 livres. Une épée à poignée et garde d'or garnie de son crochet aussi d'or, prisée 600 livres.

Suivent les bijoux, prisés par le sieur Jean Pierre, marchand joaillier, demeurant quai de la Vieille Ferraille, près Saint-Germain l'Auxerrois, savoir : un collier composé de 37 perles rondes séparées par des petites semences de perles, prisé 800 livres. Une croix de diamants, dont celui qui forme l'anneau pesant 16 grains environ, huit autres diamants pour les boules, évalués à 30 grains avec les quatre fleurs composées de 16 diamants, évalués à 5 carats et demi ; le Saint-Esprit composé de 5 diamants évalués à 5 carats, prisés, savoir, le diamant formant l'anneau : 3000 livres, et le surplus des autres diamants : 7000 livres. Il s'est trouvé en outre, en deniers comptants, tant en louis d'or de 24 livres, en demi louis d'or de 12 livres, en écus de 6 livres, en demi écus de 3 livres, et en monnaie, la somme de 5.652 livres.

L'inventaire donne également, sous le titre : *Papiers,* une longue suite de contrats, rentes, documents qu'il serait trop long d'énumérer ici, et parmi lesquels on trouve mention de la permission accordée par le cardinal de Noailles, de faire célébrer la messe dans la chapelle de l'hôtel, et aussi la concession faite au comte et à la comtesse de Canillac, le 16 décembre 1719, d'un banc dans l'église Saint-Paul, au prix de 1.200 livres et à la charge d'une redevance annuelle de 10 livres.

On y voit également le détail des meubles et objets

garnissant la maison de Clichy-la-Garenne, appartenant au comte de Canillac[1].

On a vu dans l'inventaire ci-dessus analysé, l'indication d'une chapelle existant dans l'hôtel même de la place Royale, en 1729. Cette chapelle était vraisemblablement une sorte d'oratoire, installé dans une chambre de l'immeuble, et aménagé en conséquence. Elle ne figure pas dans les plans de l'architecte de Cotte, dont nous avons parlé plus haut. Quoi qu'il en soit, pourtant, voici qu'elle va prendre un véritable caractère cultuel, en vertu de la permission du 27 mars 1760, par laquelle l'Archevêque de Paris y autorise la célébration de la messe.

Le fait est certainement rare, et nous n'en avons pas rencontré jusqu'ici d'autre cas dans la place Royale. Au moment où cette permission est accordée, l'hôtel est toujours Canillac[2].

Nous ne voudrions pas omettre de reproduire ici une petite pièce intéressante pour l'histoire de notre ville, qui est un mémoire émanant de l'Entreprise du Pavé de Paris, pour travaux exécutés au compte de M. du Pont-du-Château, qui est un Montboissier-Canillac :

Pavé de Paris. — Bail du sieur Outrequin.

Je soussigné, Entrepreneur du Pavé de Paris, reconnois avoir reçu de Monsieur le marquis Dupont du Chateau, par les mains de M. Lecointe, notaire, *la somme de* cent quatorze livres quatre sols six deniers pour dix huit toises et demie quatorze pieds, et deux cent soixante pavés fournis neufs et six grands tombereaux de gravier, *d'ouvrages faits le* 21 may 1757 place Royale, *dont il a été fourni un mémoire, dont quittance, sans préjudice d'autres dûs. A Paris, le* 30 juillet 1757. Signé : OUTREQUIN[3].

Il nous faut signaler ici une erreur commise dans le plan de Blondel, datant de 1752, qui donne sept arcades à l'hôtel de Canillac, et le fait habiter par M. Thomé, conseiller au Par-

1. *Archives du département du Puy-de-Dôme*, fonds Montboissier-Canillac-Beaufort.

2. *Archives du Puy-de-Dôme*, fonds Montboissier-Canillac, inventaire des titres de l'hôtel de Canillac.

3. *Archives du département du Puy-de-Dôme*, fonds Montboissier-Canillac.

lement. En ce qui concerne ce dernier, il est possible qu'il y était en location, mais pour les arcades, le nombre en fut toujours de six, à notre connaissance[1].

La maison de Montboissier était une illustre famille d'Auvergne, connue dès le xe siècle, et à laquelle appartint Pierre, seigneur de Montboissier, dit le *Vénérable*, abbé de Cluny, mort en 1166.

Jean de Montboissier, comte de Canillac, qui acquit l'hôtel des héritiers de Novion, était issu de la troisième branche de cette maison, formée par Henri de Beaufort-Canillac-Montboissier. Il avait été lieutenant général des armées du Roi, capitaine-lieutenant de la seconde compagnie des Mousquetaires, gouverneur des villes et citadelles d'Amiens et de Corbie, et chevalier des ordres du Roi le 3 juin 1724. Sa mort survint à Paris, le 10 avril 1729, à l'âge de 66 ans, et sa dépouille fut inhumée au couvent des Minimes de la place Royale. Il avait épousé, le 3 février 1697, Elisabeth Ferrand, veuve de Pierre Girardin de Guilleragues, ambassadeur à Constantinople. Celle-ci mourut à Paris, le 25 mars 1739, âgée de 86 ans, sans postérité. Elle avait pris pour légataires universels : 1° René-Antoine Le Fèvre, seigneur de la Faluère, ci-devant Président du Parlement de Bretagne, son neveu, fils de sa sœur; 2° Marie-Françoise-Geneviève Ferrand de Villemin, sa nièce, épouse de Mre Denis-Michel de Beaufort-Canillac-Montboissier, marquis de Pont-du-Château, ci-devant second sous-lieutenant de la seconde compagnie des Mousquetaires du Roi, l'un et l'autre à la charge de substitution en faveur des enfants du sieur de la Faluère, son neveu[2].

*
* *

Nous allons encore une fois reprendre la suite des propriétaires.

En 1777 l'hôtel appartient toujours à un membre de la famille de Montboissier :

---

1. *Architecture Française*, par Blondel, 1752, t. II, p. 144.
2. *Dictionnaire de la Noblesse*, de La Chenaye-Desbois et Badier, t. XIV, p. 125.

Philippe-Claude de Beaufort-Canillac-Montboissier, dit le comte de Montboissier, était né le 21 décembre 1712, de Philippe-Claude de Beaufort-Canillac, marquis de Montboissier, qui servit dans les Mousquetaires, fut lieutenant-général et mourut en 1765 dans sa terre de Pont-du-Château. Notre comte de Montboissier servit aussi aux Mousquetaires où il avait conquis, au commencement de sa carrière, les grades de cornette, d'enseigne et de sous-lieutenant. On le trouve brigadier de cavalerie en 1743, maréchal de camp en 1745, lieutenant-général en 1748, et capitaine-lieutenant de la 2e compagnie des Mousquetaires, en 1766, par la démission du comte de La Rivière. En 1776, le Roi lui confère la dignité de chevalier du Saint-Esprit. Il avait épousé : 1° Louise-Elisabeth de Colins, morte en 1756, et 2° Mademoiselle de Rochechouart, nièce de l'Evêque de Bayeux. Pour ce dernier mariage, le Roi et la famille royale signèrent au contrat.

Par acte passé devant Me Gibert, notaire à Paris, et son collègue, le 21 mars 1777, Mre Philippe-Claude de Montboissier-Beaufort-Canillac, comte de Montboissier, lieutenant-général des armées du Roi, vend à Mre Pierre-Charles-Laurent de Villedeuil, un grand hôtel sis à Paris, Place Royale, appelé l'Hôtel de Montboissier, moyennant la somme de 100.000 livres. L'immeuble est également mentionné dans le contrat de mariage du dit de Villedeuil avec Demoiselle Marguerite-Françoise-Nicole Dagay de Villers, du 11 avril 1777, passé devant Pigeau, notaire, et figure dans l'énumération de la fortune de l'époux.

Laurent des Lions, Directeur général du Canal de Picardie, frère de Laurent de Villedeuil, habitait également dans le même hôtel.

Quand survint la Révolution, Laurent de Villedeuil, Conseiller d'Etat de la promotion de 1787, habitait encore sa maison, ainsi qu'en témoigne l'*Almanach Royal* de l'année 1789.

Nous en trouvons encore la preuve dans une délibération du Comité de Salut Public du Département de Paris, du 26 septembre 1793, chargeant le citoyen Tisset, préposé au Comité, de lui amener le citoyen Laurent de Villedeuil, demeurant place de l'Indivisibilité, n° 16, soupçonné d'émigration, et de faire perquisition dans ses papiers en apportant ceux qui paraîtraient suspects [1].

Pierre-Charles Laurent, marquis de Villedeuil, naquit à Bouchain (Nord) le 12 octobre 1742, de Pierre-Joseph Laurent et de Suzanne-Joseph Charlot. Le 5 janvier 1775 on le trouve Conseiller à la Cour de Parlement et Maître des requêtes. Nommé Ministre des Finances le 27 juillet 1788, il fut l'un de ceux qui conseillèrent à Louis XVI de résister aux réformes et de tenir tête à la Révolution qui s'avançait. Démissionnaire en 1789, au moment même où le Roi recevait l'adresse du 16 juillet demandant le renvoi des ministres, Laurent de Villedeuil ne tardait pas à quitter la France. Rentré avec les Bourbons, en 1814, il mourut à Paris le 28 avril 1828 [2].

Après l'émigration de son propriétaire, l'immeuble devint Bien national, fut séquestré le 22 brumaire an II (12 novembre 1793), et son mobilier en partie vendu. Le 17 ventôse an IV (7 mars 1796) avait lieu une adjudication de glaces et d'effets provenant de l'émigré Villedeuil. Les glaces, transportées de la place de l'Indivisibilité, au dépôt national de la rue Cerutti, section du Mont-Blanc, furent vendues par les soins de Desroches, commissaire qui, pour elles seules, fit un procès-verbal de vacation comprenant 37 numéros. Elles atteignirent naturellement des enchères extraordinaires, étant donnée la dépréciation des assignats. Le prix le plus élevé pour une seule glace s'éleva à 62.000 livres ; la moins cher alla encore à 4.500 livres, et la vente des 37 numéros se monta à 980.080 livres !

Disons immédiatement que, d'après un ouvrage spécial, le 17 ventôse an IV, cent livres en assignats valaient six sous neuf deniers en argent [3].

---

1. *Archives nationales*, BB³ 81ᴬ fol. 339-343 et A. Tuetey, *Répertoire des sources de l'Histoire de Paris pendant la Révolution*, t. IX, p. 1429.

2. *Dictionnaire de la Révolution et de l'Empire*, par le Dr Robinet, t. II, p. 345.

3. *Collection générale des tableaux de dépréciation du papier-monnaie*. Paris, 1825, p. 252.

Des pièces conservées aux *Archives de la Seine* nous indiquent que, au commencement de l'an V, la Municipalité occupe déjà une partie de l'immeuble, devenu domanial. Une autre partie, le 7 germinal de la même année (27 mars 1797), est louée à bail, pour 3, 6 ou 9 années, à Meutier, demeurant passage du Grand-Cerf, rue des Deux portes Saint-Sauveur. La maison est alors mentionnée comme étant située place de l'Indivisibilité, n° 289 et la portion louée, comme étant voisine des locaux occupés par la Municipalité[1].

Pendant les premières années de son installation, le siège de la VIIIe municipalité qui occupe, comme nous venons de le dire, l'hôtel de l'émigré Villedeuil, est dans une situation fort précaire et ne peut qu'à grand'peine payer au Domaine les 4.500 francs que celui-ci exige pour la location. Le citoyen Fieffé, maire, qui habite rue des Amandiers-Saint-Antoine, fait connaître par lettre que le budget de la Mairie ne peut plus supporter pareil loyer. Sur quoi la régie des Biens Nationaux se voit obligée, à son grand regret, de donner congé à l'infortunée Municipalité. A son grand regret, car les immeubles de la place traversent en ce moment une crise et sont d'un rapport plus que douteux. C'est du moins ce qu'écrivent les régisseurs du Domaine, le 18 messidor an VIII (7 juillet 1800), au citoyen Girard, Directeur, à propos du futur départ de la Mairie. Jamais, disent-ils, on ne retrouvera un prix aussi élevé de la maison ; tous les immeubles de la *place du Parc* sont à louer, en totalité ou en partie, sur tous il y a des écriteaux, et les loyers actuels sont de plus de moitié inférieurs à leur valeur ancienne.

Ne sachant que faire, le Ministre des Finances, par lettre du 11 fructidor an VIII (29 août 1800) annonce au Préfet de la Seine, chef des municipalités parisiennes, son intention de vendre l'hôtel de Villedeuil[2].

Il n'en est rien, pourtant, et, après de nombreuses négociations, une entente s'établit entre ces deux fonctionnaires pour

1. *Archives de la Seine*, domaine, carton 538, dossier 1102.
2. *Archives de la Seine*, domaine, carton 482, dossier 6843.

la réalisation d'un bail de 3, 6 ou 9 années à compter du 1er vendémiaire an IX (23 septembre 1800).

La maison dans laquelle continuera donc de siéger la Mairie de la VIIIe municipalité est ainsi désignée :

Une maison sise à Paris, place des Vosges, n° 289, division de l'Indivisibilité, provenant de l'émigré Villedeuil, consistant en un corps de bâtiment sur la place, double en profondeur, de six croisées de face, élevé d'un rez-de-chaussée, de deux étages carrés, et d'un comble à deux égouts. En un autre corps de bâtiment en aile, à droite sur la cour, simple en profondeur, élevé d'un rez-de-chaussée, d'un premier et d'un second mansardés. En un troisième corps de bâtiment au fond de la cour à gauche, élevé d'un rez-de-chaussée et d'un premier. En une grande cour, basse-cour, deux puits, une pompe, latrines, passage de porte cochère et dépendances. Le tout actuellement occupé par les bureaux de la dite Mairie.

Le Ministre des Finances s'est montré conciliant et a baissé le prix du loyer à 3.000 francs l'an. Par exemple, le Domaine ne se chargera que de l'entretien de la couverture et des gros murs, et aucun changement ne pourra être fait dans la disposition des lieux [1].

Le 16 novembre 1808, en vertu d'un acte de cession, l'immeuble passait à la Caisse d'amortissement.

En 1811, la question de la vente est agitée de nouveau, malgré le désir de l'Empereur, qui voudrait en voir faire l'acquisition par la Municipalité. Dans sa lettre du 8 avril 1811, au Directeur des Domaines, le Préfet Frochot dit :

Je crois devoir ajouter à ces motifs, que l'intention positivement manifestée par Sa Majesté, étant que la vente de ce domaine n'ait pas lieu au préjudice de l'Administration communale, cette Administration se propose de l'acquérir aussitôt qu'il lui aura été alloué des fonds à ce sujet.

En dépit du désir impérial, la Ville refusa, le 11 août suivant, de se rendre propriétaire, de gré à gré, au prix de

1. *Archives de la Seine*, domaine, carton 482, dossier 6843.

138.732 fr. 75. Il fut dès lors convenu qu'une adjudication publique aurait lieu.

Un procès-verbal du 26 septembre 1811, dressé par l'architecte Aubert, estimait la valeur de la maison à 102.000 francs, et proposait la mise en vente sur ce chiffre. Une première adjudication, du 15 novembre suivant, ne produisait pas de résultats, et obligeait le Ministre des Finances à baisser la mise à prix à 80.000 francs. La nouvelle enchère, fixée au 28 février 1812, aurait fort probablement eu plus de succès que la précédente, si le Préfet de la Seine n'en avait fait ajourner l'effet, attendu la réclamation de la Ville, désireuse, encore une fois, d'acquérir dès que les circonstances le lui permettraient.

Voici donc, de nouveau, la mairie en location. L'état matériel de l'immeuble est, paraît-il, déplorable. Pendant de longues années, et malgré d'incessantes réclamations, les bureaux sont à la merci des intempéries et, par les toits, la pluie détériore et envahit toutes les pièces.

Le 19 octobre 1812, un adjoint, M. Villemsens, écrit au Directeur des Domaines que « l'eau tombe journellement dans les bureaux et dans la salle des séances de l'Administration. »

Une lettre du 20 mai 1815, du comte de Bondy, Préfet de la Seine, au même, apprend que l'ouragan dernier a encore plus endommagé la toiture et mis les voliges du comble à découvert.

Le 19 décembre suivant, l'Administration de la mairie écrit encore :

> Que les bureaux sont inondés par les eaux pluviales, et que les dégradations s'accroissent au point de faire craindre la chute des plafonds et de rendre incessamment cette maison inhabitable.

Cet état de choses déplorable, cette incurie administrative, sont l'explication formelle et irrécusable de la ruine des deux plafonds, dont celui de Le Brun, auxquels personne ne prit garde. On sait que le *Lever de l'Aurore* est aujourd'hui absolument perdu, tandis que l'autre, *Hébé dans l'Olympe*, a été obligé de subir une douloureuse restauration.

Des correspondances et des lettres échangées à ce sujet, et

conservées au dossier, il résulte que la pluie tomba dans l'infortunée mairie, depuis le 15 brumaire an X (6 novembre 1801), date où Frochot demande pour la première fois la réparation de la couverture, jusqu'en 1816, époque où il est encore question « du plafond du bureau du Secrétariat », qui tombe en ruine et dont on réclame la réparation. Et en réponse à toutes ces plaintes, nous voyons sans cesse produire le fameux devis de la dépense, qui ne s'élève pourtant pas à plus de 1.732 francs, mais pour le paiement duquel les caisses du trésor sont toujours vides, même pour sauver des œuvres d'art de premier ordre.

A propos de la dernière réclamation de 1816, disons que le Domaine y répondit en alléguant que M. de Villedeuil, étant rentré en possession de son hôtel, et en touchant les loyers, il lui appartenait d'y faire les réparations nécessaires.

Mais, sans doute, il était déjà trop tard et le malheur était consommé.

M. Pierre-Charles-Laurent, marquis de Villedeuil, ministre d'Etat, avait, en effet, par une pétition adressée au Gouvernement, demandé, en exécution de la loi du 5 décembre 1814, à être remis et réintégré dans la possession et jouissance de sa maison sise à Paris, place Royale, occupée par la mairie du VIIIe arrondissement ; plus, à toucher les loyers à partir de l'époque déterminée par la même loi.

Les formalités à remplir par lui étaient la production du contrat d'acquisition de l'immeuble, du 27 mars 1777, devant Gibert, à Philippe-Claude de Montboissier-Beaufort-Canillac, et, aussi, son acte de mariage, du 11 avril 1777, devant Pigeon, avec Mademoiselle Dagay de Villers.

Par un arrêté du 24 février 1815, le Préfet de la Seine, M. de Chabrol, émit un avis favorable :

Le Conseiller d'Etat, Préfet du Département de la Seine, estime que M. le marquis de Villedeuil doit être reconnu propriétaire de la maison sise Place Royale, maintenant occupée par la mairie du VIIIe arrondissement ; que la cession qui en a été faite à la Caisse d'amortissement, au profit de laquelle les revenus se perçoivent, ne permet pas d'en faire la remise quant à présent au réclamant, que cette maison ne pourra lui être rendue que lorsqu'il aura été pourvu à son remplacement, mais que, jusqu'à cette époque, M. le marquis de Villedeuil est dans le cas d'être indemnisé par une collocation utile dans le budget de 1816.

C'est à la suite de cet arrêté qu'intervint la décision prise, le 19 décembre 1815, par la Commission chargée de prononcer sur la remise des biens séquestrés et non vendus :

Art. 1er. — Les droits à la propriété de la maison sise place Royale dont la remise est réclamée par M. le marquis de Villedeuil, sont reconnus.

Art. 2. — La remise ne pourra lui en être faite que lorsque la Caisse d'amortissement qui en perçoit les revenus aura reçu un remplacement, conformément à l'art. 2 de la loi du 5 décembre 1814.

Art. 3. — La remise ne pourra encore être faite, conformément à l'art. 7 de la loi du 5 décembre, que lorsque son affectation à un service public, celui de la mairie du VIIIe arrondissement, aura cessé ; mais alors la Caisse d'amortissement ayant reçu son remplacement, M. de Villedeuil recevra l'indemnité ou le loyer de 3.000 francs payé par l'administration de la mairie à ladite Caisse.

Fait et arrêté à Paris le 19 décembre 1815, signé : De la Bouillerie, Président ; et le Baron Duhamel, rapporteur [1].

Nous devons ajouter cette particularité que, en 1815, une fraction de la mairie avait été aménagée en une sorte de caserne de cavalerie, probablement pour des troupes de gendarmerie. Cette indication résulte d'une lettre écrite au Préfet de la Seine, le 22 août de cette année, signalant que l'eau du puits était embourbée. L'architecte Berthault, qui visita les lieux, répondit que : « les bâtimens de la mairie étant transformés en cazerne où il y a 24 chevaux et 8 ménages, il n'est pas étonnant, les eaux étant basses, qu'elles soient bourbeuses lorsqu'on en a tiré une grande quantité [2] ».

Ce fut M. de Villedeuil qui vendit lui-même sa maison à la Ville de Paris, quelques années après en avoir repris possession. Une ordonnance royale, du 6 octobre 1819, autorisa le Préfet de la Seine à réaliser cette acquisition, moyennant la

1. *Archives de la Seine*, domaine, carton 546, dossier 1369.
2. *Archives de la Seine*, domaine, carton 482, dossier 6843.

somme de 80.000 francs payable en trois annuités, à destination de mairie du VIIIe arrondissement. L'adjudication fut prononcée, selon ces conditions, le 15 décembre suivant.

Dans un opuscule daté du 1er juin 1834, un honnête manufacturier du nom de Bonneville, s'ingénia de protester contre le maintien de la mairie du VIIIe arrondissement dans un immeuble de la place Royale. Par ce travail, consacré au Faubourg Saint-Antoine et à sa circonscription, l'auteur se plaint que le siège de la municipalité se trouve loin du centre de l'arrondissement, et à la distance d'une lieue des trois autres quartiers : Popincourt, Montreuil, Quinze-Vingts. Selon le rédacteur de la notice, les deux endroits qu'il eut été préférable de choisir étaient l'hospice des orphelins du faubourg Saint-Antoine, ou l'hôtel Vaucanson, rue de Charonne. Et M. Bonneville, pour montrer le danger qu'il y avait de maintenir un établissement de cette nature dans un endroit aussi resserré, rappelait que, lors de l'insurrection des 5 et 6 juin 1832, le bataillon du quartier du Marais, formant le quart de la 8e légion de la garde nationale, avait été impuissant à protéger la mairie contre les insurgés. Les trois autres bataillons de la légion, en effet, n'avaient pu pénétrer dans la place Royale en raison des travaux de défenses établis sur la place de la Bastille [1].

Le beffroi surmontant l'immeuble date probablement de 1848 et fut vraisemblablement édifié pour donner à la maison un aspect de mairie. Celle-ci y conserva son siège jusqu'en 1860, date du remaniement des municipalités. Ce fut sans doute, après son départ, que l'*Ecole préparatoire*, dont nous avons parlé plus haut, vint s'y installer. Vers 1866, elle déménageait également pour laisser la place à la synagogue, qui a sa façade monumentale sur la rue des Tournelles, et dont l'installation, dans cet immeuble, avait été décidée en vertu d'une délibération du Conseil municipal du 10 février 1865.

La guerre franco-allemande et l'insurrection de la Com-

---

1. *Le Faubourg Saint-Antoine, considérations sur le 8e arrondissement*, par M. Bonneville, manufacturier de produits chimiques, 1834, p. 73.

mune, en 1870-71, vinrent arrêter les travaux commencés [1]. Ce fut le nouveau Conseil municipal élu qui, par la délibération ci-après, du 31 août 1871, prise sur le rapport de M. Ohnet, en décida l'achèvement :

Le Conseil,

Vu la délibération du Conseil municipal, en date du 10 février 1865, portant adoption, dans la limite d'une dépense de 868.990 francs, du projet de construction d'une synagogue place Royale, n° 14 ;

Vu le mémoire en date du 22 août 1871, par lequel M. le Préfet de la Seine lui soumet un devis de travaux urgents à exécuter pour l'achèvement de la maçonnerie, ainsi que pour la pose des colonnettes et arcatures de la dite synagogue ;

Vu le devis précité, s'élevant à la somme totale de 68.500 francs, savoir :

Achèvement de la façade et des planchers . . .	25.000 fr.
Achèvement du bâtiment sur la place Royale . .	20.000
Travaux de serrurerie, pose de colonnettes et arcatures en fonte.	20.000
Total. . . .	65.000 fr.
Frais d'agence et honoraires	3.500
Somme égale. . . .	68.500 fr.

Vu le rapport du Directeur des Travaux de Paris ;

Délibère :

Il y a lieu d'adopter le devis de travaux sus-visés dans la limite d'une dépense de soixante-huit mille cinq cents francs.

La dépense sera payée par imputation sur les fonds de l'emprunt à contracter (Crédit spécial de 19.318.730 francs).

La première pierre de la synagogue avait été posée en 1867, mais les travaux, ainsi que nous venons de le dire, ne furent complètement terminés que huit ans plus tard.

---

1. Nous avions indiqué, dans notre communication à la Commission du Vieux Paris, du 23 octobre 1902, que l'hôtel avait été incendié pendant la Commune. C'est là une erreur qu'il faudra corriger. La construction était, en effet, dévastée à cette époque, mais par les architectes et les ouvriers qui la vidaient de ses œuvres d'art, ce qui était peut-être plus grave qu'un incendie.

L'inauguration eut lieu le 15 septembre 1875, à l'occasion du nouvel an du rite israélite. L'édifice religieux occupe une superficie de 1.000 mètres environ, et il reste pour la cour et les bâtiments annexes, une surface de 588 mètres. L'architecte Varcollier (Marcellin-Emmanuel), qui donna les plans et conduisit les travaux, installa dans la façade de la place des Vosges qu'il ne pouvait pas modifier, les appartements du Grand Rabbin de France[1].

C'est à ce titre que M. Isidore les occupa, de 1875 à 1888, année de sa mort.

On remarquera que la façade de l'hôtel de Villedeuil, sur la place Royale, semble ne pas avoir subi de modifications depuis sa construction, sauf le balcon installé en 1691, et dont nous avons parlé plus haut, sauf, aussi, les deux portes cochères percées sous les arcades qui, avec l'ancienne, font trois entrées pour le même immeuble. La maison, en effet, est inscrite depuis 1862 sur la liste des édifices classés ; elle figure également au *Journal officiel* du 31 mars 1887, à la suite de la loi du 30 mars de cette année sur le classement des Monuments historiques.

C'est en vertu de ce classement qu'une petite plaque en tôle émaillée a été apposée sous les arcades, auprès de la porte de l'hôtel, et sur laquelle on lit :

Préfecture du Département de la Seine. — Liberté, Égalité, Fraternité. — Il est expressément interdit d'exécuter un travail quelconque dans un édifice classé parmi les Monuments historiques sans l'autorisation du Ministre des Beaux-Arts. Toute infraction à cette disposition sera punie d'une amende de 16 à 10.000 francs et d'un emprisonnement de six jours à trois mois ou de l'une de ces deux peines seulement. (Lois des 30 mars 1887 et 9 décembre 1905). Le Préfet de la Seine, J. DE SELVES.

Ajoutons qu'en 1906, M. Taxil, géomètre en chef de la Ville de Paris, a tracé le relevé exact, avec profils et coupes, de la façade du pavillon dont nous venons d'écrire l'histoire.

---

1. *Inventaire des œuvres d'art appartenant à la Ville de Paris*, édifices religieux, t. IV, p. 385.

Le type choisi par lui était justement celui d'un immeuble classé comme Monument historique, et n'ayant, par conséquent, pas subi de modifications architecturales ou très peu. Le relevé géométral qu'il en a fait peut donc suppléer aux dessins — perdus depuis — qui avaient été communiqués aux acquéreurs des terrains, auxquels ils étaient tenus de se conformer, et qui imposaient aux propriétaires riverains de la place Royale une architecture obligatoire [1].

Le dernier fait se rapportant à l'histoire de l'hôtel de Villedeuil est de date toute récente. C'est une délibération du Conseil Municipal de Paris, du 11 mars 1912, prise à la suite d'une proposition de l'auteur, formulée au *Comité des Inscriptions parisiennes*, décidant la pose, sur l'immeuble, de la plaque commémorative ci-après :

HÔTEL DE VILLEDEUIL

SIÈGE DE LA HUITIÈME MUNICIPALITÉ

1795-1800

MAIRIE DE L'ANCIEN HUITIÈME ARRONDISSEMENT

1800-1860

II.

L'HOTEL DANGEAU.

Numéro royal : 17 ; numéro révolutionnaire : 288 ; numéro actuel : 12.

L'immeuble actuellement numéroté 12 sur la place des Vosges comprend six arcades, soit un pavillon et demi.

Il est formé d'un pavillon entier de quatre arcades, et de la moitié, ou deux arcades, du pavillon mitoyen, à gauche.

1. Ce dessin est annexé au procès-verbal de la séance du 25 janvier 1908 de la *Commission du Vieux Paris.*

L'emplacement du pavillon entier, qui est le troisième à partir de l'encoignure Sud-Est de la rangée orientale, avait été concédé à Etienne de La Font, intendant des meubles du roi, le 4e jour de juin de l'année 1605 :

Voici un extrait du contrat :

Par devant les notaires du Roy nostre Sire en son Chastelet de Paris soubz signez et en présence de messire Pomponne de Bellievre, chevalier, chancelier de France, messire Nicolas Brûlart, aussy chevalier, seigneur de Sillery, garde des Sceaux de France, de hault et puissant seigneur messire Maximilien de Béthune, chevalier, seigneur et marquis de Rosny, baron de Sully, conseiller du Roy en ses conseils d'Estat et privé, capitaine de cent hommes d'arme de ses ordonnances, grand voyer de France, grand maître et capitaine général de l'artillerie, superintendant des Finances et Bastimens de sa Majesté, Gouverneur et Lieutenant-général pour sa dicte Majesté en Poitou, lesquelz, pour et au nom de sa Majesté ont octroyé et concédé de par ces présentes.... cédé, transporté et délaissé du tout dès maintenant et tousjours et à perpétuité... promettons au dénommé garantie de tous troubles et empeschemens généralement quelzconques;

A maistre Estienne de La Fond, intendant des meubles de sa Majesté... une place entière tenant d'une part à la place cédée à maistre Claude Chastillon, topographe du Roy, d'aultre part à maitre Antoine Ribault, sieur de Bréau, aboutissant d'un bout sur la place Royalle et d'aultre bout à la rue qui est vers les rempars de ceste ville de Paris, contenant la dite place sept thoises deux piedz huict poulces de largeur ou environ, et trente trois thoises de longueur ou environ, pour laquelle place jouir par le dit sieur Estienne de La Fond ci dessus nommé ou ayants cause, à tousjours et à perpétuité, et en faire ou disposer ainsy que bon luy semblera ; ceste vente, cession, transport et délaissement sont à la charge de payer par l'achepteur pour chacun an, à la Recepte du Domaine de sa Majesté en la Ville de Paris, au jour Saint Jehan-Baptiste, ung escu en or de cens portant lodz, vente, saisine et amende quand le cas y escherra, selon les lois et coustumes de la Ville, Prevoté et Vicomté de Paris, à commencer du premier jour de janvier prochain, et oultre à la charge de faire bastir par le dict achepteur, sur la face de la dicte place, ung pavillon couvert d'ardoises ayant des arcades et une gallerie au dessoubs, avec boutiques ouvertes dans la dicte gallerie, ayant le dict pavillon, la muraille estant sur la dicte place Royalle, de pierre de taille et de brique selon le desseing qui en a été dressé par commandement de

Sa Masjesté, que le dict sieur de La Fond a dict luy avoir esté monstré et communiqué, de rendre le dict pavillon parfaict et habitable dans les derniers jours de Décembre de l'année prochaine que l'on comptera mil six cent six, et pourra faire aussy, le dict sieur de La Fond, tels aultres bastimens de fond que bon luy semblera et à sa discrétion; transportant et faisant par les dicts sieurs vendeurs ou dict nom au dict sieur de La Fond, aux dictes charges et tous droictz de proprieté que sa dicte Majesté a et peut avoir en la dicte place et en bordure . . . .
et donnons pouvoir de signer le présent contrat aux dicts sieurs vendeurs ou dict nom par et au nom de sa dicte Majesté. A Paris, l'an mil six cens cinq, le quatrième jour de juing après midy [1].

Disons, de suite, que le scribe, chargé de l'écriture de cet acte, a commis une erreur en faisant aboutir le terrain d'Etienne de La Font à celui d'Antoine Ribauld. C'est à celui de Pierre Jeannin qu'il tenait réellement, la place de Ribauld étant située au-dessus de celle concédée à Jeannin en allant vers la rue du Pas-de-la-Mule.

Etienne de La Font était arrivé aux affaires grâce à Sully, dont il fut le secrétaire. En 1594 on le trouve auditeur à la Chambre des Comptes de Rouen ; en 1604, au mois de novembre, Henri IV le nommait à l'intendance des meubles de la Couronne. Il avait épousé en premières noces Anne Joubert et en secondes, Anne Le Court.

La moitié de l'emplacement mitoyen à gauche de celui ci-dessus, qui complètera plus tard le sol de l'immeuble aujourd'hui numéroté 12, faisait partie de la superficie totale de quatre arcades, concédée à Pierre Jeannin, le 6 juin 1605, dont nous donnons ci-après un extrait :

...A messire Pierre Jeannin, conseiller du Roy en son conseil d'Estat et privé... une place tenant d'ung costé à la place ceddée à Me Etienne de La Fond, intendant des meubles du Roy, d'aultre costé au sieur Rybault, aboutissant d'ung bout à la dicte place Royalle et d'aultre bout sur la rue qui est vers les rempars de la dicte Ville de Paris, contenant la dicte place, sept thoises deux

1. *Archives nationales*, X1A 8645 et *Procès-verbal de la Commission du Vieux Paris*, du 18 décembre 1902, p. 269.

piedz huict poulces de largeur ou environ et trente une thoises de longueur ou environ.... A Paris, l'an mil six cens cinq le sixiesme jour de juing après midy [1]...

Pierre Jeannin était le fils d'un tanneur d'Autun, où il naquit en 1540. De simple avocat, il s'éleva rapidement aux postes les plus importants, fut gouverneur de la chancellerie de Bourgogne, député aux États de Blois et conseiller au Parlement de Dijon. Attaché à la fortune du duc de Mayenne pendant la Ligue, il fut principalement employé par lui aux négociations entreprises auprès de Philippe II. De retour en France pour les États de 1593, Pierre Jeannin y tint une place honorable et alla ensuite défendre Laon contre les troupes du roi de Navarre. Henri IV, qui avait jugé l'homme, voulut se l'attacher et y parvint. Jeannin négocia tout d'abord, pour ce prince, le traité de Vervins et la paix avec la Savoie. Entré ensuite au Conseil d'Etat, on le voit bientôt intendant des Finances et premier Président du Parlement de Paris. Après la mort du Roi on le retrouve contrôleur général des Finances, emploi considérable auquel il fut appelé grâce à sa haute intégrité et à la confiance qu'il inspirait à Marie de Médicis. Son décès survint en 1622.

C'est ici que la formation des deux immeubles portant les n°s 12 et 14 devient quelque peu compliquée, ainsi que nous l'avons déjà dit pour le précédent hôtel.

Mitoyenne au nord, de l'emplacement ci-dessus concédé à Pierre Jeannin, une superficie égale avait été vendue à Antoine Ribauld, sieur de Bréau, le 6 juin 1605.

D'autre part, Pierre Jeannin, par un acte ci-après analysé, du 28 janvier 1606, avait donné l'emplacement qui lui appartenait à son gendre, Pierre de Castille :

Par devant les notaires du Roi, Pierre Jeannin, Conseiller du Roi en ses Conseils d'Etat et privé, sieur et baron de Chaigny et Montjeu, en Bourgogne, demeurant rue St-Honoré, donne et cède à noble homme, Pierre de Castille, sieur de

1. *Commission du Vieux Paris*, procès-verbal de la séance du 18 décembre 1902, p. 270.

Blancbuisson, Conseiller du Roi en son Grand Conseil et grand Rapporteur en la chancellerie de France, son gendre, pour lui, ses hoirs et ayants cause, une place située en la place Royale, tenant d'un côté à Antoine Ribauld et d'autre à Etienne de La Font, contenant sept toises, deux pieds huit pouces, en la censive du Roi, chargée d'un écu d'or de cens. Le dit sieur de Blancbuisson étant tenu de faire bâtir un pavillon couvert d'ardoises, ayant des arcades et une galerie au-dessous, avec des boutiques ouvertes dans la dite galerie, ayant, la dite maison, une muraille en pierre de taille et en brique, conformément au dessin dressé par ordre de sa Majesté, duquel le sieur de Blancbuisson a dit avoir eu communication. Le dit pavillon devant être construit avant le dernier jour de Décembre 1606. Cette donation faite en considération de la bonne amitié que le dit Jeannin a pour le sieur de Blancbuisson et en raison de son mariage contracté avec demoiselle Charlotte Jeannin, sa fille [1].

A la même date du 28 janvier 1606, Etienne de La Font vendait son emplacement à Pierre de Castille et à Antoine Ribauld :

Par devant les notaires du Roi, Etienne de La Font, Intendant des meubles de la maison du Roi, demeurant rue du Petit Musc, vend, cède et transporte à Pierre de Castille, Sr de Blancbuisson, et à Antoine Ribauld, Sr de Bréau, Intendant et controleur des Finances, chacun par moitié, une superficie située en la place Royale, tenant au sieur de Castille de Blancbuisson par suite de la donation de Pierre Jeannin, et à Mre Claude de Chatillon, topographe du Roi. La dite place contenant sept toises, deux pieds huit pouces de largeur, et trentre trois toises de longueur, en la censive du Roi, et chargée d'un écu d'or de cens. Etant tenus, les dits sieurs de Blancbuisson et Ribauld, de faire construire un pavillon selon les prescriptions contenues dans le contrat précédent, et outre la somme de douze cent quatre-vingt dix livres tournois, que le sieur de La

1. *Les actes de Sully*, par M. F. de Mallevouë, 1911. Documents inédits sur l'Histoire de France, p. 42.

Font confesse avoir reçu des dits acquéreurs, chacun par moitié [1].

Enfin, et toujours à la même date du 28 janvier 1606, mais par un acte différent, Pierre de Castille et Antoine Ribauld, restés seuls propriétaires des trois emplacements, conviennent de se les partager en deux fractions égales : Pierre de Castille prendra la place entière d'Etienne de La Font et la moitié de celle de Pierre Jeannin, sur lesquelles il édifiera un pavillon et demi, soit six arcades, immeuble formant aujourd'hui le n° 12.

Quant à la seconde moitié de l'emplacement de Pierre Jeannin, Antoine Ribauld la réunira à la sienne et construira un pavillon et demi, qui sera l'hôtel numéroté 14.

Voici l'analyse de l'accord intervenu entre Pierre de Castille et Antoine Ribauld :

Par devant notaires, Pierre de Castille et Antoine Ribauld déclarent avoir acquis ce jourd'hui, de noble homme Etienne de La Font « une place pature au lieu appellé le marché aux chevaulx, autrement le parc des Tournelles, et à présent la place Royalle ». De laquelle superficie, avec deux autres pareillement assises en la même place, et à eux appartenant, ils entendent faire et construire deux maisons des trois places, et les partager entre eux par moitié. La place entière de La Font devant être à Pierre de Castille avec la moitié provenant de Pierre Jeannin, et l'autre moitié de cette dernière, avec la place entière acquise par Ribauld, devant rester à ce dernier. A la charge de faire bâtir par les dits sieurs, à communs frais, le pavillon du milieu des dites trois places, et faire édifier sur les deux autres places, à leurs frais particuliers, chacun un pavillon. Comme aussi payer par chacun d'eux, chaque année, un écu et demi d'or de cens [2].

Pierre de Castille, seigneur de Blancbuisson, était le troisième fils de Philippe de Castille et de Geneviève Guérin. Il

1. *Les actes de Sully*, par M. F. de Mallevouë, 1911. Documents inédits sur l'Histoire de France, p. 43.

2. *Les actes de Sully*, par M. F. de Mallevouë, 1911. Documents inédits sur l'Histoire de France, p. 44.

fut conseiller au grand Conseil le 8 juin 1601, maître des Requêtes le 14 avril 1611, conseiller d'Etat, contrôleur général, intendant des Finances et ambassadeur en Suisse. Son décès survint à Avignon, le 24 juin 1629, à l'âge de 48 ans. Il avait épousé Charlotte Jeannin, morte en 1640, qui lui donna huit enfants, et qui fut elle-même la fille de Pierre Jeannin, seigneur de Montjeu, Surintendant des Finances, et d'Anne Gueniot.

Disons que les conditions de paiement de cens et d'édification du pavillon, stipulées dans le contrat du 4 juin 1605 rédigé en faveur d'Etienne de La Font, se retrouvaient dans celui du 6 juin de la même année, consenti à Pierre Jeannin, pour lequel nous n'avons donné qu'un extrait.

La construction de l'immeuble qui porte aujourd'hui le n° 12, et auquel est consacrée cette monographie, fut donc entreprise après le 28 janvier 1606 par Pierre de Castille, et comprend un pavillon et demi, soit six arcades.

L'origine particulière et quelque peu enchevêtrée des deux hôtels de Villedeuil et Dangeau, nous a contraints de reproduire dans cette seconde monographie des extraits d'actes déjà insérés dans la première. Cette manière de faire, encore que compliquant notre travail, était indispensable pour permettre aux deux descriptions d'être indépendantes l'une de l'autre. Nous nous excusons, néanmoins, de cette répétition, qui a eu pour but d'établir plus clairement l'historique de chaque immeuble.

Dans le : *Rôle des taxes imposées sur toutes les maisons de Paris pour le nettoiement des rues en exécution de la déclaration du Roi du 9 juillet 1637*, se trouve une nomenclature des propriétaires des hôtels de la place Royale.

Nous avons pu identifier un certain nombre de ces immeubles, dont celui qui nous occupe. La mention qui le concerne est celle-ci :

« Monsieur le comte de Miossant, trente deux livres dix sols tournois [1]. »

Ce personnage, qui payait ainsi le montant des taxes de nettoiement en 1637, était vraisemblablement le possesseur de

---

1. *Bibliothèque nationale*, ms. franç., n° 18801, f° 20 v°.

l'hôtel ? Peut-être appartenait-il à la famille de Miossens ou Miossans, issue de Jean de Béarn et des bâtards d'Albret ?

On verra d'ailleurs plus loin qu'un Miossens, en 1651, était familier de la maison et y fréquentait la salle à manger de Madame de Nouveau, la femme du Surintendant des postes et relais de France.

*
* *

Vers le milieu du XVIIe siècle, sans qu'il nous soit possible de préciser la date, une partie de l'hôtel aurait été décorée par Eustache Le Sueur qui vécut, on le sait, de 1617 à 1655.

L'immeuble appartenait vraisemblablement alors à Jérôme de Nouveau, seigneur de Fromont. Nous disons *vraisemblablement*, car, malgré toutes nos investigations, il nous a été impossible de découvrir dans les études de notaires le contrat d'acquisition de l'hôtel par ce personnage. D'autres lacunes, d'ailleurs, se retrouvent dans cette monographie, que, pour les mêmes raisons, nous n'avons pu combler.

La recherche d'un acte quelconque dans les Archives notariales, nous en avons fait l'expérience, et nous ne sommes pas le premier à le dire, si l'on n'a pas de points de repère, est un supplice capable de décourager les bonnes volontés les plus tenaces. Les minutiers sont souvent incomplets, offrent de nombreuses lacunes, et sont toujours trop sommaires. Quant aux liasses, elles sont empilées en tas, dans des greniers où, si l'on a obtenu la permission de pénétrer, il est impossible de se mouvoir et par conséquent de trouver quoi que ce soit.

A la vérité, et nous le reconnaissons bien volontiers, les notaires parisiens sont tous fort aimables, et ne refusent jamais la communication d'une pièce ancienne ou historique, mais il faut, pour l'obtenir, et cela se conçoit assez, leur donner une date exacte, les noms des parties, et avoir la chance que le clerc qui fera la recherche trouvera le document sans trop de peine, ou ne passera pas à côté. Si le malheur veut que l'on ne réunisse pas ces trois éléments, il faudra abandonner la partie et ne pas s'attarder plus longtemps à rechercher une chose introuvable.

Nous ne parlerons pas, bien entendu, de la solution qui

consisterait à obtenir l'autorisation de s'installer à demeure dans une étude, et d'y faire soi-même, posément et sans hâte, à travers les archives anciennes, les recherches dont on pourrait avoir besoin. Outre que l'on n'obtiendrait pas facilement cette autorisation, il ne faut pas oublier, au cas pourtant où elle serait accordée, qu'il y a dans Paris 124 études notariales, ce qui, pour une recherche de la nature de la nôtre, demanderait plusieurs années. Si intéressant que soit, à nos yeux, le sujet qui nous occupe, on conviendra qu'il ne vaut pas une telle perte de temps.

Nous nous passerons donc de la preuve de possession de l'hôtel par M. de Nouveau, et nous reviendrons à la décoration qu'il demanda à Le Sueur.

Guillet de Saint-Georges, dans le mémoire historique sur les ouvrages du célèbre peintre, lu à l'Académie le samedi 5 août 1690, publié par M. L. Dussieux, s'exprime ainsi à ce sujet :

« Monsieur le Sueur se plaisait extrêmement à traiter l'histoire de Moyse, mais il en variait les expressions avec industrie. Ainsy travaillant dans un des pavillons de la Place royale pour M. de Nouveau, général des postes, il y fit deux tableaux dont l'un représente *Moyse exposé par sa mère sur les eaux du Nil*, et l'autre fait voir *Moyse que la fille de Pharaon retire des eaux*. Dans un platfond de cette belle maison il a peint *Diane assise dans un char, et accompagnée du Sommeil et de la Mort* ; et dans un autre platfond il a représenté *Zéphire et Flore* qui marque les beautés du printemps. Ce pavillon est aujourd'hui à M. le Marquis d'Angeau [1]. »

Nous n'avons qu'une confiance limitée dans les affirmations de Guillet de Saint-Georges, qui a souvent commis des erreurs d'attribution d'œuvres d'art. Ce n'est donc que sous toutes réserves que nous enregistrons son dire concernant la décoration par Le Sueur de cet hôtel. L'auteur, néanmoins, se conforme à la vérité en disant que le logis de M. de Nouveau devint par la suite celui de M. de Dangeau.

---

1. *Archives de l'Art Français*, t. II, p. 17, Paris, 1852-53. Et *Mémoires inedits sur les membres de l'Académie royale de peinture*, t. I, p. 158.

Dans une note de l'éditeur des *Archives de l'Art français*, à propos du passage ci-dessus, nous lisons que Florent Lecomte, en parlant de Le Sueur, dit :

« Il a fait quelques ouvrages à la Place royale dans la maison de M. de Nouveau, sçavoir un tableau de *Diane*, un grand platfond, deux paysages, et deux tableaux de cheminée dont un représente un *Moïse retiré des eaux*..., et l'autre c'est *L'Alexandre malade*. »

Cette dernière œuvre jouissait d'une grande célébrité et devint la propriété du Régent.

Une seconde note du même mémoire dit encore :

« D'Argenville nous apprend que le plafond de *Diane* et les deux paysages étaient perdus de son temps (*Vie de Le Sueur*, IV, 116) et que le *Moïse retiré des eaux* était passé en Angleterre. »

Devant les deux fenêtres de gauche du premier étage, on voit encore aujourd'hui un grand balcon décoré de superbes ferronneries du XVIIe siècle, et dont la table de marbre est supportée par des armatures de fer, selon le système employé alors.

La construction de ce balcon, comme celle de tous les autres, assez rares, qui existent toujours dans la place, était une atteinte portée aux servitudes d'architecture réglées par le dessin annexé aux lettres patentes de juin 1605. Aussi, les autorisations de les édifier étaient-elles assez difficilement accordées, soit par les Trésoriers de France, soit par les Prévôt des marchands et Echevins de la Ville.

Peut-être était-ce sur ce balcon que M. de Nouveau, personnage sans doute quelque peu grotesque, fut aperçu par Tallemant des Réaux, et faisant parade de ses décorations :

« Un jour il parut sur son balcon avec un Saint-Esprit à son justaucorps, le cordon et la croix par dessus, et un autre Saint-Esprit à son manteau. Vinüeil dit en riant : « De ce balcon je pense qu'on à fait un colombier ; que de pigeons [1] ! »

Le malicieux auteur que nous citons a laissé un bien curieux

1. *Historiettes de Tallemant des Réaux*, édition Techener, 1857, t. VI, p. 29.

portrait de Madame de Nouveau, née Catherine Girard de l'Espinay, et indiqué tout le faste de sa maison. Nous en détachons l'extrait suivant qui ne s'écarte pas de notre sujet :

« Madame de Nouveau est la plus grande folle de France en braverie. Pour un düeil de six sepmaines on luy a veu six habits ; elle a eu des juppes de toutes les couleurs tout à la fois. Qu'on la prie de montrer celle qu'elle a : « Ah ! » dit-elle, « c'est la moindre ; ma verte est desbordée ; on met des points de soye à ma bleue ; le brodeur refait quelque chose à ma jaune ; la ceinture de mon incarnate est desfaitte. Une juppe de toile d'or avec quatre grandes dentelles ! ce n'est qu'une petite juppe ; ne vous amusez pas à cela », disoit-elle, « mais regardez mon velours, car il est divin. » Et tout le jour elle parlera d'autre chose. Une vanité la plus impertinente qu'on ayt vüe : « Mademoiselle, Mad^elle^ de Chevreuse et moy », disoit-elle, « nous donnerons les violons tour à tour. » Elle dit une fois que la Reyne luy avoit dit *en amie* qu'elle ne tint plus table, qu'il n'y avoit plus qu'elle qui fist cette despense (à la fin de 1651). « Aussy ne la tiens-je plus. Pourtant Miossens », et quatre ou cinq autres qu'elle nommoit, « ont disné chez moy aujourd'huy ; mais je n'appelle pas cela du monde. »

Le même écrivain nous apprend encore que Catherine Girard était au mieux avec Nicolas Jeannin de Castille, marquis de Montjeu, qui y dînait tous les jours et était le meilleur ami du mari. Et il ajoute : « On tient tousjours une table admirable la-dedans, mais on dit que Nouveau emprunte de tous costez. »

Disons, pour en finir avec cette dame, que son goût pour le fard déchaîna contre elle la verve des chansonniers de son temps.

MM. de Monmerqué et Paulin Paris, dans leurs notes sur les *Historiettes* de Tallemant, citent ce couplet :

Ne vous en déplaise
Vous n'avez rien qui plaise,
Madame de Nouveau ;
Vostre peinture
Vous défigure,
Et je vous jure

LA PERSPECTIVE *dans la maison de M. le Marquis de Dangeau* — *A Paris Chez N. Langlois, rue S. Jacques à la Victoire avec Privil.*

PERSPECTIVE PEINTE PAR JACQUES ROUSSEAU, EN 1679, SUR LE MUR DU JARDIN DE L'HÔTEL DANGEAU, A LA PLACE ROYALE.

Qu'un tel museau
N'est propre que pour Tambonneau [1].

M. de Nouveau avait succédé à son père, lors de son décès, ainsi que nous l'apprend *la Gazette* :

« De Paris, le 11 juin 1639, la nuit du 3 au 4e du courant, mourut ici, après un mois de maladie, le sieur de Nouveau, surintendant général des Postes de ce royaume, en sa 65e année. A la charge duquel le Roy a eu agréable que succédast le sieur Fromont-Nouveau son fils » [2].

L'hôtel était aussi réputé, au point de vue artistique, pour une perspective peinte sur un des murs du jardin, œuvre de Jacques Rousseau, à qui on la paya 4.000 livres en 1679. Elle représentait une sorte de palais à colonnes ioniques, entre lesquelles se voyait toute une suite de monuments. A droite, une construction semblait surplomber un massif d'arbres au milieu duquel s'enlevait, sur des nuages, une gracieuse allégorie. La gravure de cette œuvre, qui fut exécutée en son temps, porte le texte suivant :

« La perspective dans la maison de M. le marquis de Dangeau ; à Paris, chez M. Langlois, rue St-Jacques, *à la Victoire*, avec privilège du Roy. »

Voici, d'ailleurs, ce qu'en dit Mariette :

« Rousseau (Jacques), de Paris, a excellé à peindre des paysages et surtout de grands morceaux de perspective à fresque, telles qu'étoient celle de l'Orangerie de Saint-Cloud, celle de M. Fieubet près de l'Arsenal, celle de M. le marquis de Dangeau à la Place Royale, qu'il peignit en 1679 et dont il eut 4.000 francs, et plusieurs autres, mais qui sont presque toutes détruites présentement, parce que cette sorte de peinture résiste peu en France aux injures de l'air [3]. »

Nous pensons que l'attribution faite par Mariette de cette perspective à l'hôtel Dangeau ne saurait être mise en doute, et

---

1. *Historiettes de Tallemant des Réaux*, édition Techener, 1857, t. VI, p. 29, 31, 38.
2. *La Gazette de France*, 11 juin 1639, p. 312.
3. *Abecedario* de P. J. Mariette, t. V, p. 53.

se prouve par le texte que nous donnons de la gravure la reproduisant. Celle-ci, en effet, est vraisemblablement contemporaine de la peinture de Rousseau, et il n'est guère admissible que le graveur se soit trompé dans la désignation de l'Hôtel.

Charles Le Brun décora aussi l'une des pièces de l'hôtel de M. de Nouveau.

M. Henry Jouin, dans son beau livre consacré à la mémoire du grand peintre, a publié un document provenant de la collection Fillon, mis à sa disposition par M. de Montaiglon, et intitulé :

Prix des ouvrages de peinture qui se doibvent faire chez M. de Nouveau, en son logis à Paris.

C'est un acte notarié, signé : de Nouveau, Le Brun, Rilliart, Despineau et Duvivier. Il est daté du 3 août 1650, ce qui est une preuve que M. de Nouveau était propriétaire de l'immeuble à cette date.

Le marché dont il s'agit ne comporte que la décoration d'une pièce, avec un plafond de 22 pieds de long sur 20 de large, dont le sujet n'est pas indiqué, mais dont Le Brun a donné le dessin. Il est simplement qualifié dans l'acte par ces mots : *un grand tableau remply d'ouvrage.*

Sa bordure y est plus détaillée et doit se composer de quatre bas-reliefs, deux vases, quatre chariots dorés, huit figures de termes blanches et noires supportant le plafond, six figures de harpies également blanches et noires, et huit grandes figures de femmes peintes au naturel, avec des petits enfants.

La décoration du reste de la pièce était également comprise dans le marché et devait porter sur les points suivants : la corniche dorée et ornementée ; la frise décorée de fleurs et d' « autres choses » peintes ; la cheminée dorée en or passé et bruni ; les lambris dorés et couverts de peinture d'ornement, paysages, bas-reliefs, pots de fleurs, le tout rehaussé d'or. Les panneaux des portes et des placards, les volets intérieurs des fenêtres devaient aussi recevoir une décoration peinte et dorée.

La somme de 6.900 livres demandée par Le Brun ne paraît pas lui avoir été intégralement payée ainsi que la chose résulte d'actes successifs reproduits par M. Henry Jouin et relatifs aux délais d'exécution [1].

C'est bien l'avis de M. Jouin que Le Brun n'aurait peint qu'une seule pièce dans l'hôtel qui nous occupe. Il ajoute que, pour ce travail, « il se vit associer François Perrier. » Sauval avait déjà écrit ces mots en parlant de l'illustre artiste : « qui a peint une si belle chambre chés Monsieur de Nouveau [2]. »

Pour ce qui est du sujet de ce plafond, sur lequel, croyons-nous, aucun document du temps n'a donné d'indication, nous sommes obligés d'avouer ne pas le connaître. Sans doute, tous les auteurs anciens et modernes qui ont voulu élucider ce problème, ont cru y voir l'une des deux peintures remontées au musée Carnavalet et provenant de l'hôtel de Villedeuil, qu'ils confondent tous avec l'hôtel Dangeau ; mais il paraît démontré, maintenant, que cette croyance est erronée. Une pièce, en effet, que nous avons rencontrée au service des Beaux-Arts de la Ville, signée de M. Roguet, architecte du musée Carnavalet, et datant du 1er février 1881, fait connaître que les deux plafonds ornant le musée, proviennent de l'ancienne mairie du 8e arrondissement, et qu'ils furent retenus par la Ville, propriétaire de l'immeuble, lors de la transformation de la maison en synagogue. Or, l'ancienne mairie, le temple israélite, le n° 14, enfin, ce n'est pas l'hôtel Dangeau, ci-devant de Nouveau, mais l'hôtel de Villedeuil.

Donc, le plafond de Le Brun, pour la confection duquel nous avons indiqué plus haut le marché passé entre ce peintre et M. de Nouveau, prédécesseur de Dangeau dans l'hôtel, ne serait pas l'une des deux œuvres décorant le musée Carnavalet. Et il faut bien croire M. Roguet puisque ce fut lui qui les fit déposer de la place Royale, et réédifier dans le musée dont il était l'architecte.

Ce qui n'empêche pas, d'ailleurs, le dit Roguet, dans son rapport, de suivre l'exemple des auteurs qui se sont occupés

1. *Charles Le Brun et les Arts sous Louis XIV*, par M. Henry Jouin, Imp. Nationale, 1889, grand in-f°, p. 104, 676.

2. *Histoire des antiquités de la Ville de Paris*, par Sauval, 1750, t. III, p. 23.

de la question, et de sacrifier, lui aussi, au sempiternel Dangeau en donnant son nom à la maison de l'ancienne mairie. Heureusement qu'il a eu le soin d'ajouter que les dits plafonds avaient été enlevés au moment de l'installation de la synagogue, ce qui remet les choses au point et nous montre qu'il s'agit bien de l'hôtel de Villedeuil. Les dépendances du temple israélite, d'ailleurs, furent toujours confinées dans l'immeuble n° 14 et n'empruntèrent jamais rien au n° 12.

Mais que devint, demandera-t-on, le plafond de Le Brun peint pour M. de Nouveau ?

Nous répondrons que nous n'en savons rien, et que nous ne possédons pas plus de renseignements sur son sort que sur celui des peintures de Le Sueur et de la perspective de Rousseau, exécutées pour le même hôtel. Sauf, pour les peintures de Le Sueur, ce qu'en dit plus haut d'Argenville.

Il semblerait, en vérité, que ce nom de Dangeau avait la propriété d'attirer à lui tous les écrivains, et ils sont nombreux, qui s'occupèrent des deux fameux plafonds. Ils en étaient à ce point hantés qu'ils attribuèrent au célèbre mémorialiste, en bloc, les trois pavillons et les douze arcades formant les deux immeubles distincts, numérotés 12 et 14. Pour eux, tout cela c'était l'hôtel Dangeau.

Et voici que nous nous voilons la face et nous couvrons la tête de cendre, car, nous aussi, avons commis la méprise : victimes, comme les autres, du nom fatidique.

Nous nous consolerons, cependant, sans nous excuser, en raison de l'illustre compagnie avec laquelle nous nous sommes trompés avant d'avoir creusé la question.

Trois actes, qui nous ont été indiqués par M. Ernest Coyecque, si versé dans la question des archives notariales, indiquent que Jérôme de Nouveau, en 1649, habitait déjà l'hôtel de la place Royale :

Acte du 16 novembre 1649, passé devant Rilliart, notaire à Paris, par lequel Geoffroy de Laigue, chevalier, seigneur du dit lieu, maréchal de camp et armées du Roi, demeurant à Paris, rue St-François, marais du Temple, fait donation entre vifs à Messire Hierosme de Nouveau, seigneur de Fromont, conseiller du Roi en ses conseils, grand maître et superintendant général des postes et relais de France, et à dame Catherine Girard de L'Espinay, son épouse, demeurant à Paris, place Royale, de la somme de 33.333 livres tournois 6 sols 8 deniers.

Acte du 16 novembre 1649, passé devant Rilliart, notaire, par lequel le sieur Claude Imbert, bourgeois de Paris, y demeurant, cloître Notre-Dame, à St-Jean-le-Rond, reconnait avoir reçu de Hierosme de Nouveau, demeurant à Paris, place Royale, paroisse St-Paul, la somme de cent mille livres tournois qui lui est due par de Nouveau.

Acte du 16 novembre 1649, passé devant Rilliart, notaire, par lequel Nicolas Bertheuil, bourgeois de Paris, demeurant rue St-François, marais du Temple, a prêté à Hierosme de Nouveau, la somme de 66.000 livres[1].

Nous avons aussi rencontré de nombreux actes dans la même étude, sur lesquels il apparaît que M. de Nouveau habitait déjà la place Royale en janvier 1648. Aucun, malheureusement, n'est relatif à sa maison, et tous, au contraire, concernent les obligations de sa charge qui était celle de : « Grand Maître des courriers et superintendant général des postes et relais des chevaux de louage de France ».

M. de Nouveau mourut en 1665, ainsi que l'enregistre *la Gazette* :

« Le même jour (24 août) mourut ici, en sa 52e année, Messire Hierosme de Nouveau, commandeur, et grand trésorier de l'Ordre, et surintendant général des Postes[2]. »

Voici encore une nomenclature fort intéressante des habitants de la Place, datant de l'année 1684, et intitulée :

Estat et partition de la Ville et fauxbourgs de Paris en seize quartiers, chacun des dits quartiers dirigé, sous les ordres de Messieurs les Prevost des Marchands et Eschevins, par un quartenier assisté et aidé de ses cinquanteniers et dizainiers, divisé de sorte que l'on y peut connoistre et voir le nombre des paroisses, églises, cha-

---

1. Nous avons pu prendre connaissance de ces actes, grâce à l'amabilité de M. Edme Robineau, notaire, 75 *bis*, boulevard de Clichy, successeur de Rilliart. Nous lui en adressons ici nos sincères remerciements.

2. *Gazette de France*, 24 août 1665, p. 832.

pelles, monastères, communautez, hostels et maisons, ensemble les noms des habitans, propriétaires et principaux locataires des dites maisons, le tout réduit au premier jour de janvier de l'année mil six cens quatre vingtz quatre, ainsi qu'il ensuit.

Toutes les maisons de la place Royale sont indiquées sur ce précieux document, avec les noms de leurs propriétaires. Nous trouvons pour la nôtre, c'est-à-dire pour le troisième hôtel construit après celui de la princesse de Guéménée, qui porte aujourd'hui le n° 6, la mention suivante qui concorde exactement avec la réalité :

« 653. La maison de M. le marquis d'Angeau, par luy occupée [1]. »

Le Livre commode des adresses, pour 1692, nous apprend aussi qu'à cette date le célèbre mémorialiste habite la Place Royale :

« Philippe de Courcillon, marquis de Dangeau, gouverneur de Touraine, Conseiller d'Etat ordinaire, grand maître des ordres royaux et militaire de Notre-Dame du Mont-Carmel et de St-Lazare de Jérusalem, chevalier des ordres du Roi, chevalier d'honneur de Madame la duchesse de Bourgogne : Place Royale. »

Son frère, Louis de Courcillon de Dangeau, abbé de Fontaine Daniel, loge également dans l'hôtel, où il tient, tous les mardis, des conférences littéraires et grammaticales.

Le poëte Lainez, qui fréquentait cette conférence, désignée dans le public sous le nom de *la Martiale,* à cause du mardi, peignit en une épigramme plaisante l'ennui qu'on y éprouvait et l'affectation de langage qui y était de rigueur :

Je sens que je deviens puriste,
J'aligne au cordeau chaque mot,
Je suis les Dangeau à la piste :
Je pourrais bien n'être qu'un sot.

Les deux frères Dangeau avaient été reçus de l'Académie Française en 1705 [2].

1. *Bibliothèque nationale,* manuscrit français 8.603, fol. 119 et *La Place Royale,* par Lucien Lambeau. Paris, Daragon, 1906, p. 63.

2. *Le Livre commode contenant les adresses de la Ville de Paris, pour 1692,*

L'édition originale du *Livre commode* mentionne ainsi ces réunions :

« Les mardis de relevée, on tient une conférence curieuse chez M. le marquis d'Angeau, chevalier des ordres du Roy, place Royale [1]. »

Parmi les délicats et les érudits qui fréquentaient ce rendez-vous on peut citer : le cardinal de Polignac, l'abbé de Longuerue, l'abbé Dubos, le marquis de l'Hôpital, l'abbé de Saint-Pierre, l'abbé Roguenet, Mairan, l'abbé de Choisy, Ménage, de Villevant, d'Herbelot, l'abbé de la Rogue, le chevalier Chassebras, du Bréau, etc. [2].

Le marquis de Dangeau ne manque pas de nous apprendre qu'à l'occasion, le grand Dauphin, Louis de France, fils de Louis XIV, ne dédaigne pas de descendre chez lui, à la place Royale :

« Dimanche 23 janvier 1689, à Versailles. Le roi ne sortit point ; il alla au salut ; il y eut appartement. Monseigneur sortit de bonne heure de l'appartement et s'en alla à Paris. Il descendit à la petite écurie dans la chambre de Dumont, son écuyer, où il se masqua pour aller au bal chez Monsieur. M. le prince de Conty, MM. de Bellefonds, de Mailly et d'Antin étaient venus avec Monseigneur et se masquèrent avec lui, Monseigneur devoit descendre à l'Hôtel Dangeau, mais le roi, à qui il dit qu'il vouloit être inconnu à Paris et n'avoir point de gardes, lui conseilla de ne pas aller jusqu'à la place Royale et de descendre fort près du Palais-Royal [3]. »

Philippe de Courcillon, seigneur et marquis de Dangeau, baron de Sainte-Hermine, gouverneur de Touraine, chevalier des ordres du Roi, conseiller d'Etat d'Epée, chevalier d'honneur de Madame la Dauphine, grand'mère du Roi, puis de Madame la duchesse de Bourgogne, grand maître des ordres de Saint-Lazare et de Notre-Dame du Mont-Carmel, mort le

---

par Abraham de Pradel, annoté par Edouard Fournier en 1878, t. I, p. 128, note 2.

1. *Le Livre commode*, d'Abraham de Pradel, édition de 1692, p. 41.
2. Notice sur la vie de Dangeau. *Journal de Dangeau*, t. I, XL.
3. *Journal du marquis de Dangeau*, t. II, p. 308.

9 septembre 1720. (Moreri donne la date du 13 mai 1720). Il avait épousé, le 23 mai 1682, Françoise Morin et, en secondes noces, le 26 mars 1686, Sophie-Marie de Bavière.

Du premier lit il eut : Marie-Anne-Jeanne « qui porta Dangeau et Sainte-Hermine dans la maison de Luynes », et mourut le 28 juin 1718. Elle avait épousé, le 17 février 1694, Honoré-Charles d'Albert, duc de Montfort, né le 6 décembre 1669, mort le 13 septembre 1704.

Si nous consultons le livre terrier du Roi, pour 1700, nous trouvons la mention suivante concernant l'immeuble qui nous occupe :

18. Maison à porte cochère, appartient à M. le Duc de Montfort, Charles d'Albert, occupée par M. le Mareschal de Joyeuze, laquelle a une sortie par la rue des Tournelles, au n° 67. Le dit sieur d'Albert et dame Mary Anne Courcillon Dangeau, son épouse, en ont passé déclaration devant Thouin, notaire, le 26 avril 1704. Est chargée de cinq livres 14 sols de cens [1].

Le même terrier, pour la rue des Tournelles n° 67 — qui est la façade postérieure — désigne cet immeuble sous le nom d'*hostel Danjou*, ce qui veut dire, vraisemblablement, Dangeau [2].

Cette double mention est précieuse en ce sens qu'elle indique le passage de l'hôtel, au moment de la confection du terrier, entre les mains de la fille du marquis de Dangeau, alors que ce dernier ne mourut qu'en 1720. Peut-être même ce logis avait-il été donné en dot à la dite dame pour le mariage qu'elle contracta, en 1694, avec le duc de Montfort ?

Dans tous les cas, vers l'année 1700, le logis leur appartient

---

1. Dans les pièces relatives au contrat de vente du 17 janvier 1758, que l'on trouvera plus loin, il est aussi question de la déclaration faite devant Thouin, mais à la date du 6 avril 1704. A notre grand regret, et malgré l'extrême complaisance de M. Chavane, notaire, successeur de Thouin, il nous a été impossible de retrouver cette déclaration, aux dates des 6 et 26 avril 1704, et aussi à celles des 6 et 26 août. Elle nous eut probablement mis sur la trace de propriétaires antérieurs.

2. *Archives nationales*, terrier du Roi pour 1700, Q^{1} * $1099^{10\ D}$, t. XI, f° 17.

et est occupé, vraisemblablement à titre de location, par le maréchal de Joyeuse. Jean-Armand de ce nom, baron de Saint-Jean-sur-Tourbe, avait fait ses premières campagnes en 1648 et était resté à l'armée jusqu'à la paix de 1693. Chevalier des ordres du roi, gouverneur des ville et citadelle de Metz et des pays des Evêchés de Metz et Verdun, il avait été nommé maréchal de France en mars 1693. Il mourut le 1er juin 1710, sans enfant, du mariage contracté le 4 juin 1658 avec Marguerite de Joyeuse, sa cousine, fille de Michel de Joyeuse, seigneur de Verpel, décédée le 22 juin 1694. Jean-Armand était fils d'Antoine-François de Joyeuse, de la branche des comtes de Grandpré, seigneur de Saint-Lambert, gouverneur de Mouzon et de Beaumont-en-Argonne, comte de Grandpré; et de Marguerite de Joyeuse, fille de Claude de Joyeuse, comte de Grandpré.

Ainsi qu'on l'a vu plus haut, le propriétaire de l'hôtel était alors Honoré-Charles d'Albert, comte de Tours, connu sous le nom de duc de Montfort, né le 6 décembre 1669. On le trouve brigadier des armées du Roi le 30 janvier 1696, lieutenant des chevaux-légers le 1er janvier 1702 et maréchal de camp le 29 janvier suivant. Il avait une réputation de grand courage qui fit dire un jour au Roi, en le quittant : « Je sçais que vous vous exposez trop, ménagez-vous pour l'amour de moi. » Le 13 septembre 1704, il recevait, à Belliken, un coup de pistolet dans les reins qui devait amener sa mort, au quartier général de Langkandal. Il avait épousé, le 17 février 1694, Marie-Anne-Jeanne de Courcillon, fille unique du marquis de Dangeau, et de Françoise Morin, sa première femme.

Honoré-Charles d'Albert était fils de Charles-Honoré d'Albert, duc de Luynes, de Chevreuse et de Chaulnes, pair de France, comte de Montfort et de Tours, né le 7 octobre 1646; et de Jeanne-Marie Colbert, fille aînée de Jean-Baptiste Colbert, marquis de Seignelay.

A l'occasion du mariage de Mademoiselle de Dangeau avec le duc de Montfort, Saint-Simon signale que la mariée avait une bien pénible infirmité. Nous lui laissons le soin de l'expliquer à nos lecteurs, habitués à la crudité de ses expressions et à la désinvolture de ses images :

« Le duc de Montfort, fils aîné du duc de Chevreuse, épousa en même temps la fille unique de Dangeau, chevalier de l'ordre et de sa première femme, fille de Morin, dit le Juif, sœur de la maréchale d'Estrées. Elle passe pour très riche, mais aussi pour ne pas retenir ses vents, dont on fit force plaisanterie [1]. »

Elle mourut au couvent de la Conception, le 28 juin 1718, où elle s'était retirée après la mort de son mari; et cela, malgré son père, son beau-père et sa belle-mère, qui voulaient la garder à l'hôtel de Luynes. Saint-Simon convient que c'était une bonne et aimable femme, pleine d'esprit, « mais à qui des infirmités presque continuelles avoient donné des fantaisies qui avoient un peu altéré ses biens [2]. »

Les *Archives Nationales* possèdent un petit plan, qui est peut-être l'un de ceux que Rittmann prépara pour la confection d'un terrier du Roi analogue à celui de 1700, mais postérieurement à ce dernier. On y remarque que notre hôtel porte toujours le n° 18, qui est celui du terrier de 1700, mais, au lieu du nom de Charles d'Albert de Montfort, on trouve celui de Breteuil [3].

Il s'agit certainement là d'une mutation de propriété, intervenue peut-être à la mort de Mademoiselle de Dangeau, c'est-à-dire vers 1718 ou 1720 ?

C'est, dans tous les cas, sous le nom de Breteuil que l'hôtel est indiqué sur le plan de l'abbé Delagrive, qui date de 1728.

Et voici encore une citation de Germain Brice qui vient confirmer que Le Brun décora bien une chambre de l'hôtel de Nouveau, occupé de son temps par M. de Breteuil. Il indique même que cette pièce donnait sur la cour, mais il reste muet, lui aussi, quant au sujet du plafond :

« Le baron de Breteuil occupe une maison de cette place, située à main droite en entrant par la rue Saint-Antoine. Dans

---

1. *Mémoires de Saint-Simon*, édition Cheruel, Hachette, 1856, t. I, p. 186.
2. *Mémoires de Saint-Simon*, édition Cheruel, Hachette, 1857, t. XV, p. 339.
3. *Archives nationales*, N. III, 421, Seine.

une des chambres qui donne sur la cour, on verra un plafond peint par Le Brun, que ce grand maître fit peu d'années après son retour de Rome, c'est-à-dire encore tout rempli des belles et nobles idées qu'il avoit prises sur les merveilleux originaux qui y sont en abondance. Tous les appartemens de cette maison ont leurs ajustemens particuliers. On y verra une cheminée d'un dessin nouvellement inventé, dont on peut tirer quelques commoditez[1]. »

Le personnage, alors propriétaire de l'hôtel Dangeau, était Charles-Auguste Le Tonnelier de Breteuil, baron de Preuilly, né le 17 novembre 1701, capitaine de cavalerie, marié le 6 juin 1728 à Marie-Françoise Goujon de Gasville. Il mourut le 13 juin 1731, et sa femme, le 21 février 1752. Deux enfants étaient nés de ce mariage : 1° Louis-Charles-Auguste Le Tonnelier, baron de Breteuil, né le 7 mars 1730, ambassadeur en Suède et auprès des Provinces-Unies ; et, 2° Marie-Elisabeth-Emilie, née le 20 mai 1731, religieuse à la Visitation de Chaillot. Charles-Auguste était fils de Louis-Nicolas Le Tonnelier de Breteuil, baron de Preuilly, introducteur des Ambassadeurs, et de Marie-Anne Le Fèvre de Caumartin.

Par jugement du 23 août 1740, les Commissaires royaux chargés de la succession de Charles-Auguste, baron de Breteuil, adjugèrent l'immeuble, appelé *l'hôtel de Breteuil*, à Me Pousschat, Procureur au Parlement, lequel en faisait l'acquisition pour et au nom de Edme Sainson, écuyer, Conseiller secrétaire du Roy, maison et couronne de France et de ses finances. De ce dernier, l'hôtel revenait à sa femme, commune en biens avec lui[2].

L'insinuation de cette vente du 23 août 1740, est ainsi libellée au registre relatant ces opérations :

Par arrest des Commissaires généraux du Conseil du 23 aoust 1740, après avoir été adjugée à Me Poussechat, Conseiller au Parlement, une grande maison sise à Paris à la place Royale, appelée l'hostel de Breteuil, chargée de 40 livres de rentes envers la cure de Bois-

1. *Description de la Ville de Paris*, par Germain Brice, 1752, t. II, p. 215 (cette mention doit être reproduite d'une édition plus ancienne).
2. *Archives de la Seine*, lettre de ratification.

sette, vendue sur la succession de Charles-Auguste, Baron de Breteuil et de Preuilly, lequel dit Me Poussechat a fait déclaration le 24 des dits mois et an, que l'adjudication à luy faite de la dite maison moyennant 70.000 livres, et la dite charge cy dessus, est pour et au profit d'Edme Sainson, Ecuyer, Conseiller secrétaire du Roy, maison couronne de France et de ses finances, demeurant à Paris, rue Vivienne, lequel a accepté. Insinué à Paris, le 14 Décembre 1740, et a été payé pour les droits 708 livres [1].

*
* *

Par contrat du 17 janvier 1758, passé devant Me Leclerc, notaire à Paris, dame Marie Taxis, veuve de Edme Sainson, demeurant à Paris, rue Croix-des-Petits-Champs, en son nom et comme tutrice de Pierre Sainson, aussi secrétaire du roi, seul héritier de son père, vendit l'hôtel à Messire Jean-François de Creil, chevalier, marquis de Creil, Bournezeau, baron de Brilhac, conseiller extraordinaire, maître des Requêtes, demeurant à Paris dans la dite maison.

L'immeuble, ayant six fenêtres de façade sur la place, était vendu avec les tableaux, glaces, boiseries, lambris le garnissant. Il tenait, d'un côté, à Madame la comtesse de Graville, d'autre, au marquis du Pont-du-Chateau, qui était un Beaufort-Canillac-Montboissier, par derrière, à la rue des Tournelles, et par devant, à la place Royale. La vente était consentie au prix de 105.000 livres.

Nous comptions beaucoup sur cette pièce pour établir les origines de propriété qui nous manquent. Elles ne remontent malheureusement pas plus loin que la succession de Breteuil et le jugement de 1740 [2].

Le plan de Blondel, annexé à son *Architecture Française*, contient aussi les noms des propriétaires ou habitants des maisons de la place Royale en 1752. Il indique, pour notre hôtel, « M. l'Evêque de Verdun. » Ce dernier n'était certai-

---

1. *Archives de la Seine*, registre des insinuations, n° 108, f° 73.

2. Nous devons la communication de cet acte à la bienveillance de M. Benoist, notaire, 16, place de la République, successeur de Me Leclerc. Nous lui en adressons tous nos remerciements.

nement que locataire puisque nous venons de voir que le propriétaire se nommait, à cette époque, Edme Sainson [1].

En 1751, l'évêque de Verdun était François-Charles de Dromesnil d'Hallencourt, sacré évêque d'Autun en 1711 et de Verdun en 1721, remplacé en 1754 par Aimard-Chrétien de Nicolay.

Signalons aussi que l'*Almanach Royal* de 1756 (p. 134) indique comme habitant la place Royale, M. de Creil de Bournezeau, Conseiller d'Etat depuis 1742.

La terre de Bournezeau, en Poitou, avait été érigée en marquisat par lettres du mois d'avril 1681, en faveur de Jean de Creil, maître des requêtes, marié à Suzanne d'Argouges.

Jean-François de Creil, fils des précédents, était marquis de Bournezeau, conseiller d'Etat et intendant à Metz. Il eut pour fille Marie-Suzanne-Françoise de Creil, mariée au duc de Beauvilliers. Sa sœur était Marie-Françoise-Adélaïde de Creil, mariée le 10 avril 1710 à Jérôme d'Argouges, lieutenant-civil au Châtelet de Paris.

A la mort de Jean-François de Creil, l'immeuble resta à sa fille, Marie-Suzanne-Françoise, veuve du duc de Beauvilliers, dont la notoriété mérite bien, semble-t-il, quelques mots de biographie.

Paul-François de Beauvilliers, comte de Saint-Aignan, né le 16 août 1710, avait été doté de 160.000 livres par son oncle, le duc de Beauvilliers. Il accompagna son père dans son ambassade à Rome et fit la campagne de 1733, dans laquelle le Milanais fut conquis par la France et la Sardaigne. Servant tout d'abord en qualité de volontaire, il devint mestre-de-camp d'un régiment de cavalerie de son nom, le 20 février 1734. Sur la démission du duc de Saint-Aignan, son père, il prit le titre de duc de Beauvilliers et mourut sans enfant, le 7 janvier 1742. Il avait épousé, le 30 décembre 1738, Marie-Suzanne-Françoise de Creil, née le 18 août 1716, dame d'honneur de *Madame*, première bru du duc de Saint-Aignan, et titrée duchesse douairière de Beauvilliers, fille

1. *Architecture Française*, par Blondel, 1752, t. II, p. 144.

unique de Jean-François de Creil, intendant de la généralité de Metz.

A la mort de la duchesse de Beauvilliers, l'hôtel passait en héritage à demoiselle Marie-Suzanne-Françoise d'Argouges, sa cousine germaine.

Marie-Suzanne-Françoise, en effet, était la fille de Jérôme d'Argouges, lieutenant civil au Châtelet de Paris, qui avait épousé, le 10 avril 1710, Marie-Françoise-Adélaïde de Creil de Bournezeau.

Elle était aussi la sœur de :

1° Alexandre-François-Jérôme d'Argouges, lieutenant civil au Châtelet après son père ;

2° Michel-Pierre-François d'Argouges, marquis d'Argouges, maréchal de camp ;

3° Marie-Françoise-Adélaïde d'Argouges.

Voici l'analyse du contrat passé devant Me Provost, notaire, le 21 février 1787, par lequel l'hôtel fut vendu à Madame la Présidente Pinon de Quincy, par Mademoiselle d'Argouges. On y trouvera, notamment, une description complète de l'immeuble ou état de lieux. La lettre de ratification porte la date du 21 mai suivant :

Par devant les Conseillers du Roi, notaires au Châtelet, très haute et très puissante demoiselle Marie-Suzanne-Françoise d'Argouges, majeure, dame de la Forteresse, Toury, Ferrolles et autres lieux, demeurant à Paris en son hôtel, rue Saint-Antoine, paroisse Saint-Paul, *vend* à très haute et très puissante dame, madame Agnès-Catherine Le Boulanger, veuve de très haut et très puissant seigneur, Monseigneur Anne-Louis Pinon, chevalier, seigneur vicomte de Quincy, Rebrechien, La Grange-Batelière-les-Paris, et autres lieux, conseiller du roi, en tous ses conseils, Président du Parlement de Paris en survivance, demeurant, Madame Le Boulanger, à Paris, en son hôtel, rue de La Cerisaie, paroisse Saint-Paul. *Une maison*, appelée l'hôtel de Beauvilliers, située à Paris, place Royale, dans la partie à droite de la dite place en entrant du côté de la rue Saint-Antoine, consistant en un corps de logis de six croisées de face sur la même place, élevée d'un étage au rez-de-chaussée, de deux étages carrés et d'un autre dans le comble, qui forme deux pavillons à deux épis chacun [1], couverts d'ardoises, cave dessous. Ensuite du dit corps de logis est une grande cour, à droite de laquelle est un grand édifice de dix croisées de face au premier étage sur la cour, élevé d'un étage à rez-de-chaussée, deux étages carrés et un autre dans le comble, couvert d'ardoises en pavillon à égout, cave dessous. Ensuite du même édifice et du même côté, en est un autre à rez-de-chaussée et d'un étage carré dans le comble, formant deux petits pavillons couverts d'ardoises, cave dessous. Au fond de la cour et dans toute la largueur, est un autre édifice élevé d'un rez-de-chaussée et d'un étage carré dont le comble en pavillon est couvert d'ardoises, basse-cour ensuite, consistant en une petite cour pavée, cabinets d'aisances couverts en tuiles et appentis. Dans la dite petite cour à droite est un édifice simple, élevé d'un étage à rez-de-chaussée, et d'un grenier au-dessus, couvert de tuiles en comble brisé. Et à gauche est un édifice élevé d'un étage à rez-de-chaussée et d'un autre étage carré dont le comble est couvert en tuiles. Au fond et dans toute la largeur de la basse-cour, est un autre édifice élevé d'un étage à rez-de-chaussée, avec grenier au-dessus, couvert de tuiles ; *ensemble*, tous les tableaux, glaces, boiseries, lambris, ajustements et autres ornements dépendant de la dite maison et y étant. *Tenant*, d'un côté, la dite maison, à M. Laurent de Villedeuil, d'autre côté à M. le marquis du Pont-du-Château, ou à ses représentants [2], par derrière à la rue des Tournelles, et par devant sur la place Royale. Etant en la censive du roi et chargée envers lui d'un écu d'or valant cinq livres quatorze sols tournois de cens par année. *Elle appartenait* à Mademoi-

---

1. Il y a là une incorrection de l'acte : l'immeuble ne formait pas deux pavillons, mais un et demi, ainsi que la chose ressort de l'indication des six fenêtres indiquées trois lignes plus haut, ce qui correspond à six arcades, un pavillon en comptant quatre.

2. Il y a encore là une erreur du scribe. L'immeuble de M. du Pont-du-Château est le même que celui de M. de Villedeuil et se trouve à gauche, aujourd'hui nº 14. L'immeuble situé à droite, aujourd'hui nº 10, appartenait, en 1787, à M. Louis Brousse.

selle d'Argouges, tant comme héritière pour un tiers quant aux propres paternels, de très haute et très puissante dame, Madame Marie-Suzanne-Françoise de Creil, sa cousine-germaine, dame d'honneur de Madame Adélaïde de France, et veuve douairière de très haut et très puissant seigneur, Monseigneur Paul-François, duc de Beauvilliers, colonel d'un régiment de son nom, ainsi qu'il est constaté dans l'inventaire fait par Me Sauvaige, notaire, le 4 janvier 1781, que comme héritière pour moitié de Alexandre-François-Jérôme d'Argouges, chevalier, seigneur d'Argouges et autres lieux, conseiller d'Etat ordinaire, ainsi qu'il est constitué dans l'inventaire dressé par Sauvaige le 5 septembre 1782; et enfin comme étant échue à la dite demoiselle d'Argouges par le partage des biens de la succession de la dame duchesse de Beauvilliers, passé entre elle, Mademoiselle d'Argouges, et M. Michel-Pierre-François d'Argouges, son frère, marquis de La-Chapelle-la-Reine, lieutenant général des armées du Roi.

Madame la duchesse de Beauvilliers était propriétaire de la dite maison en qualité de seule fille et héritière de M. Jean-François de Creil, marquis de Creil, conseiller d'Etat ordinaire, ainsi qu'il est constaté par acte de notoriété passé devant Me Le Clerc, notaire à Paris le 1er juillet 1762.

Le dit seigneur marquis de Creil était propriétaire de la dite maison comme l'ayant acquise par contrat passé devant Me Le Clerc, notaire à Paris, le 17 janvier 1758, ensaisiné les 13 et 18 février suivant, de dame Marie Taxis, veuve d'Edme Sainson, écuyer, secrétaire du roi du grand collège.

Lequel feu Sainson était propriétaire au moyen de l'adjudication qui lui en avait été faite sous le nom de Me Poussechat, procureur au Parlement, par MM. les Commissaires du Conseil nommés par le roi pour juger les contestations de la succession de Charles-Auguste, baron de Breteuil, par jugement du 23 août 1740.

La vente était faite à la charge d'entretenir le bail consenti de la dite maison, par Madelle d'Argouges, à Mre Anne-Louis Dubois de Courval, conseiller du Roi en sa Cour de Parlement et grand'chambre d'icelle, et à dame Marie-Madeleine-

Charlotte de Milly, son épouse, et, en outre, moyennant la somme de 112.000 livres [1].

Il nous paraît nécessaire de reproduire ci-après les principaux passages de la lettre de ratification de la vente de cet immeuble, qui contiennent certains renseignements non indiqués dans l'acte ci-dessus analysé :

Louis, par la grâce de Dieu, roi de France et de Navarre, A tous ceux qui ces présentes lettres verront ; salut. Agnès-Catherine Le Boulanger, Veuve d'Anne-Louis Pinon, chevalier, Vicomte de Quincy, President du Parlement de Paris en survivance, demeurant rue de la Cerisaye, nous a fait exposer que, par contrat passé devant Provost et son confrère, notaires au Châtelet de Paris, le 21 février 1787, duement insinué, elle a acquis de Marie-Suzanne-Françoise d'Argouges, demoiselle majeure, demeurant à Paris, rue St-Antoine, paroisse St-Paul, une maison, dite l'hôtel de Beauvilliers, scize à Paris, place Royalle, consistant en corps de logis sur la dite place ayant rez-de chaussée et 3 étages, caves, grande cour, édifices à droite, caves dessous, édifices au fond, basse-cour, caves dessous, édifices en ailes et au fond, greniers, appartenances et dépendances sans réserve, dont les tenans sont énoncés au dit contrat, aux charges de 5 livres 4 sols tournois de cens et aux autres charges ordinaires et accoutumées, et y compris le principal du dit cens, moyennant la somme de cent douze mil cent quatorze livres. Pour en jouir en toute propriété, hoirs et ayants cause, comme de chose lui appartenant, à compter du jour du dit contrat.

Laquelle maison appartenoit à la dite venderesse, tant comme héritière des propres paternels de Marie-Suzanne-Françoise de Creil, sa cousine, veuve de Paul-François duc de Beauvilliers, que de Alexandre-François-Jérôme d'Argouges, ancien Lieutenant civil, et en vertu du partage de la succession de la dite duchesse de Beauvilliers entre elle et Michel-Pierre-François d'Argouges son frère, marquis de La Chapelle-La-Reine, Lieutenant général de nos armées, lequel était aussi héritier de la duchesse de Beauvilliers, le dit partage, du 3 août 1784. Laquelle duchesse de Beauvilliers, était propriétaire de la dite maison comme seule fille et héritière de Jean-François de Creil, conseiller de nos ordres, lequel en étoit

1. Nous devons la communication de cet acte à la bienveillance de M. Louis Bossy, notaire, 11, rue des Pyramides, successeur de Me Provost. Nous lui en adressons tous nos remerciements.

propriétaire comme l'ayant acquise par contrat du 17 janvier 1758, de Marie Taxis, veuve d'Edme Sainson, notre Conseiller secrétaire ordinaire, commune en bien avec lui et comme tutrice de Pierre Sainson, leur fils mineur, seul héritier de son père, lequel en étoit propriétaire comme adjudicataire par jugement du 23 août 1740, rendu par les Commissaires du Conseil nommés pour juger les contestations en la succession de Auguste, Baron de Breteuil [1]......

Anne-Louis Pinon, vicomte de Quincy, en Berry, dont la veuve venait d'acquérir l'hôtel qui nous occupe, était conseiller du Roi en son Conseil d'Etat, et président à mortier au Parlement de Paris depuis le 5 septembre 1758. Il avait épousé, le 30 juin 1751, Agnès-Catherine Le Boulanger de Montigny, fille de Nicolas-Louis Le Boulanger de Montigny, maître des comptes à Paris, dont il eut: Anne-Louis, né le 15 février 1755, conseiller au Parlement; Agnès-Catherine, née le 19 avril 1752; et Geneviève-Catherine, née le 16 janvier 1754.

L'*Almanach de Paris*, pour 1789, chez Lesclapart, donne également une liste fort curieuse des habitants de la place en cette année, avec les numéros royaux des immeubles. La concordance est parfaite et nous trouvons, pour notre hôtel, la mention suivante : « Mme la Présidente de Pinon de Quincy et Mademoiselle, au n° 17. »

Dans le *Sommier foncier de l'Enregistrement*, nous voyons que dame Agnès-Catherine Le Boulanger, veuve de Anne-Louis Pinon, décédée le 10 novembre 1812, laisse la maison en héritage à ses enfants et petits-enfants, dont on trouvera ci-après les noms. Et encore que ces derniers vendent l'immeuble, par contrat du 24 janvier 1818, devant Me Duchesne, notaire à Paris, à Eustache Lépicier, filateur de coton, demeurant à Paris, rue Saint-Paul, n° 6 [2].

Voici un extrait du contrat dont il s'agit :

Par devant Pierre Duchesne et son confrère, notaires à Paris, ont comparu :

Anne-Louis Pinon, ancien President à mortier au Parlement de

---

1. *Archives de la Seine*, lettre de ratification, n° 572 B.
2. *Archives de la Seine*, sommier foncier de l'Enregistrement.

Paris, chevalier de la Légion d'honneur, colonel de la 2e légion de la Garde Nationale de Paris, demeurant rue de Provence, chaussée d'Antin, 9, à Paris.

Guy-Marie Sallier, propriétaire, ancien Conseiller au Parlement de Paris, chevalier de la Légion d'honneur, maître des Requêtes au Conseil d'Etat, et Madame Agnès-Louise Pinon, son épouse, demeurant à Paris, rue du Grand-Chantier, nº 6.

Armand-Dominique-Ange-Louis de Gourgues, marquis de Gourgues, maître des Requêtes, demeurant à Paris, rue la Ville-l'Evêque, faubourg St-Honoré, nº 33.

Auguste-François de Gourgues d'Aulnay, chevalier de Malte, demeurant à Paris, en son hôtel, place Royal, nº 16.

Madame la Comtesse Agnès-Françoise de Gourgues, épouse de M. le Comte Guy-Jacques de Bullion, capitaine de frégate, chevalier de St-Louis, rue Chapon, 13, à Paris.

Le Comte Anne-Louis-Jean-Baptiste-Theodore des Ligneris, chevalier de la Légion d'honneur, sous-lieutenant des gardes du corps de Monsieur, frère du Roi, demeurant à Paris, rue Bourbon, nº 30.

Agissant tous tant en leur nom personnel que comme se portant fort de M. Augustin-Louis-François-Jean-Baptiste des Ligneris, chevalier de Malte, demeurant à Orléans, leur frère, neveu et cousin.

Vendent à Eustache Lépicier, filateur de coton, et à Marie-Rose Castellan, son épouse, demeurant rue Neuve St-Paul nº 6, à Paris, une grande maison connue sous le nom d'hôtel Pinon, et ci-devant sous celui d'hôtel de Beauvilliers, située à Paris, place Royale, nº 12.

Nous ne rapporterons pas ici les dispositions de l'immeuble, qui sont les mêmes que celles mentionnées au contrat du 21 février 1787. La vente était faite avec les glaces, au nombre de dix, plus les alcoves, boiseries, et généralement toutes les appartenances, dépendances et annexes de la dite maison, tenant d'un côté à celle de M. de Villedeuil, occupée par la mairie du 8e arrondissement, d'autre à....., par devant sur la place Royale, et par derrière sur la rue des Tournelles. Cette maison appartenait aux vendeurs comme héritiers de Madame Agnès-Catherine Le Boulanger. décédée veuve de M. le vicomte Anne-Louis Pinon. L'adjudication était faite moyennant la somme de 60.000 francs [1].

---

1. Nous devons la communication de cet acte à la bienveillance de

Par le *Sommier foncier de l'Enregistrement*, nous savons que le sieur Eustache Lépicier revendit son immeuble, par contrat du 3 février 1819, à M. Barthelémy-Baptiste Anquetil-Lepelletier, négociant, demeurant à Paris, rue Montorgueil, n° 65 [1].

Depuis l'année 1841, la Ville de Paris était locataire de l'immeuble, et y avait installé une école communale qui fonctionne encore aujourd'hui. Elle en fit l'acquisition, en 1896, de M. Ernest Anquetil, héritier d'Anquetil-Lepelletier, par contrat de Me Delorme, notaire, du 23 mars de cette année. Cet acte, dans lequel les origines de propriété ne remontent qu'à la vente Pinon de Quincy, reconnaît que la maison a toujours six fenêtres de face et qu'elle se compose : « d'un pavillon et demi, à deux épys chacun. »

Nous avons eu entre les mains les titres de propriété versés au service municipal du Domaine, lors de l'acquisition. Ils sont d'une pauvreté lamentable, suffisants, sans doute, pour justifier de la possession de l'hôtel, mais vraiment trop rares pour ce qui est de son histoire. Ils ne permettent pas, en effet, de remonter plus haut qu'à l'année 1819.

Nous le regrettons vivement, d'abord pour les Archives de la Ville, et ensuite pour nous, puisque, plus complets, ils nous eussent sans doute permis d'éviter les lacunes qu'il nous a été impossible de combler.

Evidemment, les actes qui nous ont fait défaut pour établir intégralement la suite complète des propriétaires de l'hôtel, dorment en paix dans l'une des cent vingt-quatre études notariales parisiennes, mais dans laquelle ?

Et comment les découvrir si, comme nous le disons plus haut, l'on n'a pas le nom de l'officier public qui instrumenta, ni les dates auxquelles lesdits actes furent passés ?

Aussi bien, et après de nombreux sondages non couronnés de succès, tenaces, pourtant, et acharnés, avons-nous décidé de nous en tenir là.

M. Ploix, notaire, boulevard Beaumarchais, n° 25, successeur de Me Duchesne. Nous lui en adressons tous nos remerciements.

1. *Archives de la Seine*, sommier foncier de l'Enregistrement.

ABBEVILLE. — IMPRIMERIE F. PAILLART

LES TIRAGES A PART DE LA SOCIÉTÉ DE L'HISTOIRE DE PARIS
NE SONT PAS MIS DANS LE COMMERCE.

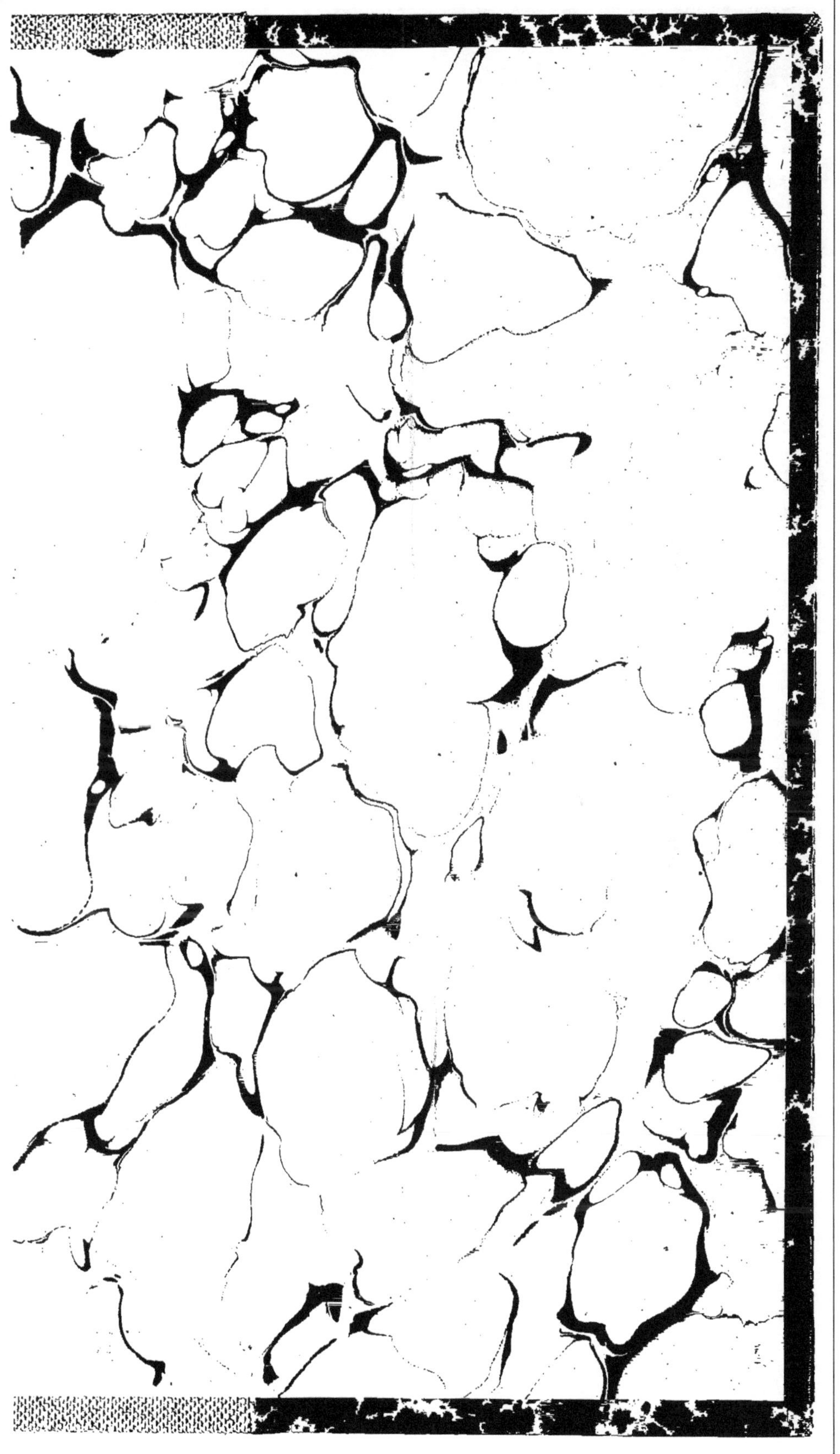

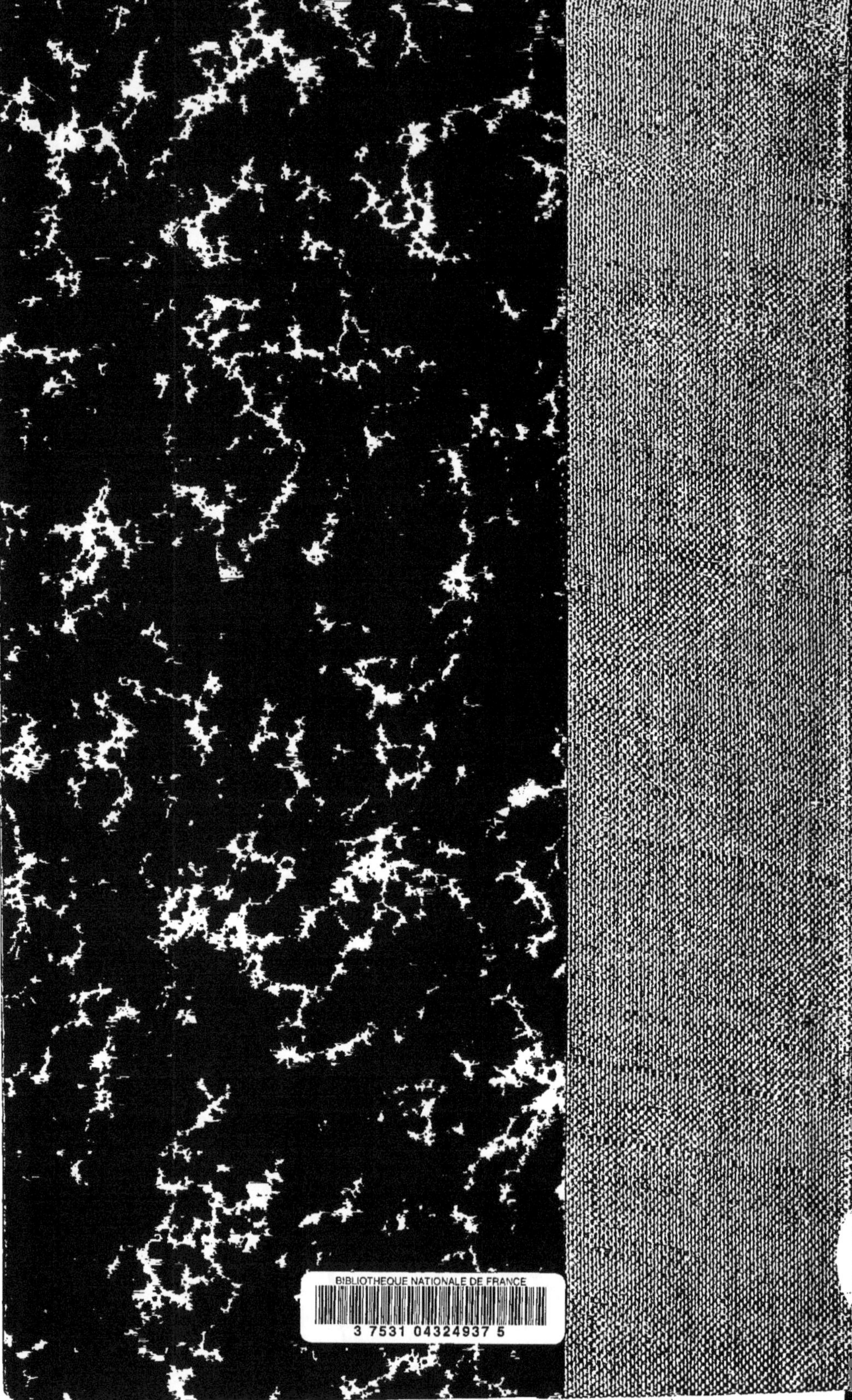

www.ingramcontent.com/pod-product-compliance
Ingram Content Group UK Ltd.
Pitfield, Milton Keynes, MK11 3LW, UK
UKHW020349230726
13925UKWH00003B/1044